JN439203

사랑을 말하다

사랑을 말하다

김년균 시집

계간문예

| 自序 |

사랑을 위하여

문학은 황막한 대지에 나무를 심는 일이다.
문학은 가난한 사람의 가슴에 꽃씨를 심고
불 꺼진 방에 불을 켜는 일이다.
아름답고 향기롭게, 편안하고 따스하게.
어둠이 대지를 뒤덮을 때까지.
하늘이 끝날 때까지.

세계에서 가장 오래 산 작가로 알려진
이다 폴록이란 할머니는,
105세의 나이에도 불구하고
오로지 작품을 쓰고 출판을 서두르며
세상 떠날 때까지 작품 속에 파묻혀 지냈다 한다.
작가는 어떻게 살아야 하는지를 일깨워준다.

문학은 사랑을 담는 그릇이다.
작가는 가도 작품은 길이 남는다.
그게 바로 사랑이기에.

작가는 하늘의 뜻을 전하고
작품은 땅을 위해 꽃피우는지도 모른다.

2015. 8. 30.

차례

제1부 우리들의 일상

제2부 내 가슴에 뜬 별

제3부 소란한 세상

제4부 보이지 않게 사는 법

1
우리들의 일상

바쁜 하늘

죽지 않을 사람이 없었다.
천년만년이 가도 떠날 것 같지 않은
사람들이 날마다 하나 둘, 살며시
세상 밖으로 사라졌다.

그래도 아랑곳하지 않았다.
해는 날만 새면 허공에 떠서 졸고
바람은 길만 나서면 하릴없이 떠돌고
새들은 숲만 보이면 어디론지 날아갔다.
사람은 재앙이 닥쳐와도 태평이었다.

하늘만 소리 없이 바빴다.
한 뼘의 세월도 손에 들면 천리보다 멀었다.
하나님의 손발이 부르텄다.
너무나 고달파서 머리조차 희었다.

*2014. 7. 2.

길에서

길엔 슬픔과 기쁨이 살고 있다.
오가는 바람이 그들을 지켜본다.

어느 길이든 길에 나서면
슬픔과 기쁨을 만난다.
길 앞엔 슬픔의 앙금이 안개가 되어
눈앞에 자욱이 피어오르고,
길 뒤엔 기쁨의 눈물이 비가 되어
등 뒤의 상처를 어루만지며
발 앞에 뚝, 뚝, 떨어진다.

길은 슬픔이 넘치지만 기쁨이 치솟고,
길은 기쁨에 겨워도 슬픔을 잊지 못한다.

*2013. 12. 10.

감사하다

사는 게 감사하다. 하루하루가 감사하다. 먹을 수 있는 음식이 있어 감사하고, 잠잘 수 있는 집이 있어 감사하고, 걸을 수 있는 길이 있어 감사하고, 숨 쉴 수 있는 가슴이 있어 감사하다. 별일 없이 지나간 어제가 있어 감사하고, 죽지 않은 오늘이 있어 감사하고, 살아갈 내일이 있어 감사하다.

하늘과 땅이 있고, 해와 달과 별이 있어 감사하다. 부모 형제 자식과 더불어 손잡아 줄 스승과 이웃과 친구가 있어 감사하다. 어디 가나 곡식을 기르는 들녘과 논밭이 있고, 산과 바다와 강이 있고, 물과 바람과 공기와 나무가 있고, 아름다운 꽃과 풍성한 열매가 있어 감사하다. 앞을 볼 수 있는 눈이 있어 감사하고, 생각할 수 있는 마음이 있어 감사하고, 꿈꿀 수 있는 희망이 있어 감사하다. 눈에 보이지 않아도 항상 곁에서 보살펴주는 하나님이 계셔서 감사하고, 죽으면 돌아갈 곳이 있어 감사하다.

내가 누구이기에 이런 호사를 누리는지,
아름다운 세상이여! 귀중한 시간이여!
모두가 감사하다. *2013. 10. 26.

꿈은 좋아라

꿈은 좋아라.
돌아오지 않아도 좋아라.
혹은 오다 가고, 혹은 피다 지고,
혹은 붙잡다 놓치더라도,
꿈은 섭섭하지 않아라.

꿈꾸는 것은 좋아라.
하늘도 내 것이요,
땅도 내 것이요,
모두가 내 것이니,
부러울 게 없어라.

꿈은 아주 좋아라.
뒷모습만 보아도, 혹은 모습조차
보이지 않아도 좋아라.

나는 오늘도 꿈꾸며,
내일을 바라보며,
창가에 서 있다. *2014. 5. 5.

상쾌하다
— 장마 후

한 달쯤 분별할 수 없도록
천지를 가리던 장마가 가고
날이 활짝 개니, 상쾌하다.

흙빛에 젖은 구름이 가고
물빛에 젖은 하늘이 오니,
눈앞이 거룩하다.

천리 밖의 새소리도 들리고
저승 밖의 숨소리도 들리니,
이게 바로 천국이 아니랴.

무겁던 몸이 둥둥 뜨고
어둡던 마음이 환히 밝는다.
얼씨구 좋다! 지화자 좋다!

이런 날만 있으면 얼마나 좋으리.
창밖의 새들처럼 저 높은 하늘도
훨훨 날 수 있으리. *2013. 7. 19.

사랑을 말하다

함부로 넘겨볼 수 없지만
아무리 마음 놓고 넓혀보아도
한 뼘을 넘지 못한다.

얼굴은커녕 형체조차 없으니
눈으로 알아보거나
손으로 만져볼 수도 없다.

어쩌면 궂은 날 안개 속에 숨거나
하늘 밖의 허공 속에 빠져 버렸거나
바다 건너 외딴섬에 갇혔을지 모른다.

그래도 사람들은 만나기만 하면
너를 불러 무릎에 앉혀놓고 수다를 떤다.
아주 잘 아는 사이처럼.

오늘도 깊은 산에서 뻐꾸기 울고
바람은 소리 없이 제 몸을 날려
너를 향한 그리움이 만 리 밖에 넘친다. *2015. 3. 30.

내일

흩어진 꿈들이 하얗게 바랜 먼지로 모여
창밖에 자욱이 떠 있다.
길목엔 아직도 낯선 시간이 떠돌아다니고,
모든 시간이 아주 떠나기 전
저 가냘픈 것들이 언제쯤 몸 씻고 일어나
보람찬 꿈이 되어 다시 돌아올 수 있을까,
그날을 기다리며 가슴 설렌다.

내일은 정녕 하늘을 넘는 산이요
동토를 뚫는 봄날의 새싹,
향기 넘치는 화려한 꽃길,
창공을 휘젓는 영험한 새,
어둠을 밀쳐내는 눈부신 햇빛이려니,
그날은 얼마나 아름답고 빛나는가.

내일은 오늘의 다음날로 이어지면 안 되리.
내일은 꿈들이 웅비하는 희망의 둥지,
해 뜨면 뒤따라오는 어제의 꼬리가 아니라
기나긴 밤의 슬픈 장벽을 무너뜨리고

승리의 깃발을 세우는 희망찬 아침,
어제를 누비던 부끄러운 것들은 다 사라지고
맑고 고운 꿈만 남은 그날이어야 하리.
하늘 길을 달리는 생명이어야 하리.

나는 오늘도 내일을 기다리며,
창밖에 떠있는 어제의 절망들을 내다보며
아직도 못다 버린 기억들을 불태운다.
가는 길은 가까워서 항상 아쉽고,
오는 길은 멀어서 항상 두렵다.

*2013. 12. 23.

밤과 낮

1. 밤

밤하늘의 달과 별은 희망을 전하는 신호다.
문밖이 어두워도 물러서지 말라는 경고다.
밤에는 나아갈 길이 막히고
숨통 트일 터널조차 없지만
그게 두려워서 주저할 일이 아니다.

밤에는 상시라도 죄를 짓지 말 일이다.
밤하늘의 어둠을 헤치며
천지가 싫어하는 음모를 꾸미지 말 일이다.
밤이 되어도 잠 못 들며 평화를 짓밟는 자는
머나먼 지옥에 떨어질 일이다.

밤은 길 잃은 자를 행해 손짓한다.
몇 천 억 광년을 지내도록 별은 꺼지지 않고
오늘도 반짝반짝 신호를 보내며 당부한다.
길 없는 길은 가지 마라.
형체 없는 무지개는 꿈꾸지 마라.

밤은 순리를 아는 자에게 평안을 준다.
밤은 빛을 꿈꾸는 자에게 희망을 준다.

2. 낮

해 뜨면 일하기 위하여 일어난다.
새로운 시간을 맞이할 옷으로 갈아입고
저마다 일터를 찾아 집을 나선다.
어른은 어른대로 아이는 아이대로
할 일이 따로 있고
모두가 그를 위해 발버둥 친다.
힘들다고 투정하지 마라, 운명이다.
사는 것도 하늘이 맡긴 일이다.
끝없이 이어지는 일과 일 속에 파묻혀
하루 내 땀을 흘리다
몸과 마음이 모두 지친 저녁이 오면
해는 살며시 서산으로 발길을 돌리고,
남은 시간을 내어놓는다.
몸을 쉬라고, 내일에 다시 일어서라고,
문 밖의 밤을 불러내 준다.

밤과 낮은 태초부터 한 지붕에 산다.
아무도 넘볼 수 없는 무한의 공간 속에서
한편은 해 뜨는 낮이 되고
한편은 달과 별이 솟는 밤이 되어
서로가 마주보며 우주를 경영한다.

*2013. 9. 13.

숲

숲은 이웃과 더불어 산다.
숲은 한시도 저 혼자 살지 못하고,
오직 가족과 친구와 함께 손잡고 산다.

바람이 몰아쳐도 비가 내려쌓여도
서로 부둥켜안고 위로한다.

숲은 누구의 간섭도 받지 않는다.
누가 쳐들어 와서 몸을 비틀거나 멱살 잡아도
조금도 굴하지 않는다.
혹은 칼을 들고 목을 자른다 해도
놀라지 않고, 운명으로 돌린다.

숲은 세상에서 가장 자유롭다.
너무도 자유로워 기쁨조차 모른다.

*2015. 7. 30.

가을과 신

가을에 논밭에 가면,
온갖 열매들이 무르익은 논밭에 들어서면
신의 눈동자가 보인다.
초롱초롱 빛나는 열매의 눈빛에서
신은 우리를 얼마나 사랑하는지
금방 짐작할 수 있다.

가을에 길을 나서면,
끝도 없이 평안한 그 길에 들어서면
신의 음성이 들린다.
덥지도 춥지도 않은 따스한 햇볕 아래
어디서 절로 들리는 휘파람소리.
신은 우리를 얼마나 즐겁게 하는지
금방 느낄 수 있다.

가을에 창밖을 보면,
티끌 하나 없는 하늘을 바라보면
하늘가로 둥둥 떠가는 구름 속에
신의 지극한 사랑이 숨어 있다.

신은 지금도 우리 곁을 떠나지 않고
허전한 가슴을 채워준다.

가을밤에 꿈을 꾸면,
처마 밑에 쌓인 높다란 탑이 보인다.
천지를 만드실 때의 무궁한 사랑이
아직도 변하지 않고,
신은 우리들의 꿈과 희망을 위해
오늘도 열심히 일하신다.

*2013. 10. 18.

전설

— 시골의 여름밤

시골의 여름밤은 전설을 만든다.
먼 산에서 짝 잃은 부엉이가 음유시인이 되어
온밤을 잠도 아니 자고 구슬픈 시를 읊고,
비 내린 개울가에선 개구리 떼가 몰려들어
알 수 없는 장단에 맞춰 목청을 드높이며
천국의 교향곡을 연주한다.

문밖에선 초저녁부터 머리에 불꽃 쓴 반딧불이
캄캄한 하늘을 맴돌며 불꽃놀이를 하고,
이름 모를 날벌레가 꽁지를 따르며 소란을 피운다.
길 건너 외딴집 돼지 막에 숨은 모기떼들이
언제쯤 번개같이 날아들지 모른다고 생각하면 불안해도
마을 사람들은 모른 척하며
몸에 삼베적삼이나 속곳만 걸친 채 마당에 둘러앉아
흘러간 옛이야기에 밤이 깊어가는 줄 모른다.

시골의 여름밤은 전설이 넘친다.
더위에 지친 불빛은 산 너머로 달아나고,
머나먼 하늘에 매달린 이름 모를 별들이

떨어질 듯 말 듯 아슬아슬하게 깜박거린다.
햇살이 반짝이는 낮에는 걱정 없던 새들도
제 둥지를 찾아 어디론지 숨어 버리고,
아득한 어둠만이 허공에 막막한 장막을 치고서
풍선보다 가벼운 사람들의 마음을 흔들며
얼마 남지 않은 귀한 시간을 훔쳐 먹는다.

그래도 아랑곳없이 손바닥으로 바람을 날리며
마을 사람들은 정답게 도란도란 행복을 속삭인다.
그 소리가 즐거운 소식으로 바람 타고 날아가서
강 건너 사람들의 귀를 간질이는 전설이 된다.
여름밤의 전설은 다시금 잎 피고 꽃피우며
먼 훗날에도 잊히지 않는 아름다운 신화를 만든다.

*2013. 7. 17.

은총

가을은 은총의 계절이다.
하늘의 은총이 길마다 널려 있다.
눈에 보이는 것도 황홀하지만
강 건너 멀리까지 뻗어나간 소문이
더욱 가슴 설레게 한다.

가을걷이가 한창인 어느 날 오후,
가파른 산길을 가다가
산 아래 손바닥만한 밭에서
곡식을 거두는 농부를 만난다.

손바닥만한 게 어찌 작은 것이랴.
바다에서 고래를 잡듯 농부의 손길이
바쁘고 힘들지만, 그래도 흥겹다.
가지마다 주렁주렁 열린 곡식의 열매들이
황금 같이 빛난다.
농부의 마음에 희망이 솟구친다.

산기슭에 어둠이 깃들자

농부는 황금 같은 곡식을 등에 메고
힘든 줄도 모르며 마을로 내려오며,
이제야 철이 들었는지
하늘에 충성을 맹세한다.

하늘의 은총이 이렇게 큰 줄
미처 몰랐던 일이,
자꾸만 후회로 몰려와서
농부는 얼굴을 들지 못한다.

*2014. 10. 18.

옛집

시골길 지나다가 옛집을 만난다.
문짝이 달아나고, 기둥조차 기울어진 채로
금방이라도 넘어질 듯 아슬아슬하게 버티며
한 줌의 바람에도 흔들리는 초가집.
반쯤은 날아간 지붕과 서까래 사이로
풀들이 들쑥날쑥 무성히 솟아 있다.

여기에 살던 사람은 어디로 갔는가.
한 번도 돌아다 본 흔적이 없다.
멍석 펴고 곡식을 말리던 마당조차
풀숲이 우거져 새들의 놀이터가 되고.
경계를 삼은 울타리마저 사라졌다.

다만 된장 고추장 김치들을 담았던 장독대의
질그릇만이 검은 먼지를 뒤집어 쓴 채
주인을 기다리며 제 자리를 지키고 있어
안타까움을 더욱 북돋아준다.

주인은 어디로 갔는가.

꿈은 어둔 하늘에 달무리지고
허기진 뱃속에선 기러기가 나는지
밤낮없이 끼룩거리고
문 앞엔 허튼 바람만 떠돌자
다시는 돌아오지 않으려고
골백번은 다짐하며 떠났는가.

그러나 언젠가는 돌아오리라.
흙냄새 그윽한 그 집, 볏짚의 지붕 아래
밤이면 산에서 얻은 소나무로 불을 지피고
온돌방이 따스하게 달아오르면,
그 자리에 지친 몸을 누이며
하늘의 별을 따는 꿈을 꾸던
그 시절이 어찌 그립지 않으랴.

어제의 아픔 없인 오늘의 기쁨도 없는
법을 알고, 이곳이 자신에게 꿈을 길러준
터전이었음을 다시금 깨달을 때,
주인은 어둠을 밝히는 빛으로 자라고

옛집은 이를 기념하리라.

언젠가는 다시 돌아오리라.
주인이 못 오면 그 아들이라도 돌아오리라.
늦으면 손자라도 기어이 찾아와
풀만 우거진 옛집,
그 집의 문 앞에 넙죽 엎드려 절하고
조상의 은덕에 감사하리라.

눈 감고 귀 기울이면,
누군가 다가오는 발자국 소리
금방 들릴 듯하다.

*2011. 9. 30.

아이와 어른
— 아이를 위한 동화

아이가 어른보다 늙었나 봅니다. 아이는 저만의 비밀을 주머니에 감춰두고, 천재도 속아 넘는 재주로 어른을 홀립니다. 어른이 꽃을 좋아하면 아이는 늙은 할아버지가 기른 담장 밑의 아름다운 꽃을 꺾어들고 오고, 어른이 사랑을 좋아하면 아이는 할머니의 따뜻한 가슴에 숨은 해맑은 사랑을 한 움큼 훔쳐들고 찾아와서, 당당히 거래를 시작합니다. 아이는 귀염둥이 복슬강아지처럼 꼬리를 흔들고, 꾀 많은 여우도 홀딱 넘어가지 않을 수 없도록 재롱을 피우며, 어른의 가려운 곳을 긁어줍니다. 어른의 가슴에 쌓인 걱정이 구름처럼 흘러가고, 어른의 방에 숨은 슬픔이 바람처럼 날아갑니다. 노인은 가진 것 다 털어서 아이에게 주고, 그도 아쉬워서 입던 옷까지 벗어서 줍니다. 아이는 어느덧 몸뚱이가 부풀어 공룡이 되고, 어른은 남의 눈에도 안 띄는 개미가 됩니다. 아이는 금세 어른이 되어 거리를 활개치고, 어른은 아이가 되어 비틀비틀 힘겹게 걸어 다닙니다. 아이는 어려서도 어른 행세를 하고, 어른은 늙어서도 철부지를 면치 못합니다.

그래도 염려하는 사람이 없으니,
웬일일까요?
아이는 내일의 희망이기 때문일까요? *2013. 8. 9.

우리들의 일상

산에 오르면, 새들이 나뭇가지에 앉아
즐거운 노래를 주고받고,
숲속에 들면, 낯익은 짐승들이
저만의 신호를 보내며 뛰놀고,
꽃밭에 가면, 벌 나비들이 꽃향기에 취해
훨훨 춤추며 날아다니고,
강가에 가면, 가도 가도 끝없는 물결 따라
어제의 슬픈 일들이 흘러가고,
바다에 가면, 넘치는 파도처럼 걱정에 묻힌
내일의 일을 미리서 알려주고,
맑은 날이면, 하늘과 해가 마주보며
땅이 타도록 불볕을 내리고,
흐린 날이면, 비와 구름이 서로 부둥켜안고
슬픈 사연을 눈물로 뿌리고,
바쁘구나, 잠시도 쉬지 못하는구나.

그리하여 세상살이에 쫓긴 사람들이
잠도 설치고 일어나,
새벽부터 발 벗고 길에 나서면,

어느새 몰려든 사람들이 길을 매우고
마음이 바빠 인사도 못 나누나니,
아름답고 장하구나. 우리들의 전사여,
남은 세월 놓지 말고 끊임없이 일하라.
일상이 아니면 이룰 수 없는 그 사랑을,
그 거룩한 사랑을 길마다 첩첩이 쌓으라.
사랑은 항상 부푼 꿈을 실어 나르고
마침내 드높은 희망의 깃대를 세우나니,
후대가 잊지 않고 기억하리라!

*2014. 1. 6.

바위를 보며

스승은 바위였다.
남들을 시샘하여 울어대는 바람이나
어느 한 곳에 잠시도 머물지 못하는
교활한 세월에도 아랑곳 없이
저 높은 산 위에 우뚝 서서
산정을 꿋꿋이 지키고 있다.

이렇게 큰 것이 눈앞에 있는데
사람들은 왜 당신을 알지 못할까.
하늘이 내린 복을 곁에 두고도
어찌 찾으려 하지 못할까.

미련하게 머뭇거리는 사이,
하늘 복은 어느덧 저 멀리 사라지고
어둠은 얼마나 재빨리 몰려오는지
왜 짐작도 못할까.

문밖엔 눈멀고 귀먹은 자들이 득실거리고
길 잃은 자들이 갈 곳 몰라 허둥거리고

더러는 지쳐서 제 풀에 쓰러져 누워 있어도
오가는 자마다 발길을 돌리고
모른 척하며 지나쳐 버린다.
진실은 쓰러지고 허영만 춤춘다.
희망은 가고 절망만 남는다.

허망하구나, 허망하구나.
그래도 당신은 한 발도 물러서지 않고
그 자리에 꿋꿋이 서서 우리를 지켜본다.
궁금한 보따리를 들고 다정히 손 내밀며
오늘이 가기 전에 다시 돌아오라고 인사한다.

*2015. 6. 22.

시인과 꿈

당신은 우리 시대의 선각자가 아닐는지요? 눈 뜨면 보이지 않은 것이 없고, 가슴을 열면 떠오르지 않는 것이 없는, 오묘하고 영험한 존재! 맞지요? 당신이 거느린 시간의 곳간엔 언제나 신기한 보물들이 가득 차 있고, 하늘에 떠가는 구름들이 그것을 옮겨다가, 남모른 어딘가로 숨기느라 바쁘죠. 당신이 산에 오르면 산은 바다가 되고, 수천 길 아래로 수많은 고기들이 떠돌아다니죠. 당신이 들에 나서면 바람들이 숨 가삐 몰려들어, 세모꼴, 네모꼴, 마름모꼴, 혹은 제멋대로 비틀어진 이상한 얼굴로 손 내밀며 반갑게 인사하죠. 당신이 새를 만나면, 새가 세상 밖의 소식을 전하고, 당신이 눈비를 만나면, 술취한 방랑객이 달려들죠. 하루에도 몇 번은 하나님을 만날 수 있고, 배고플 땐 하늘에서 식사도 하고 돌아오죠. 당신의 눈과 귀는 한량없이 커서, 보통사람은 흉내도 못 내죠. 천 리도 한눈에 내다보이고, 만 리 밖의 소리도 금방 알아듣죠. 그래도 당신이 모르는 일이 있다면, 알아도 못하는 일이 있다면, 그것은 세상을 손 안에 넣는 일이죠. 그 일만은 못할 것 같아서 돌아선 지 오래죠. 당신은 그것이 한이 되어 밤마다 잠 못 들며, 길고 긴 소원을 상형문자로 새겼다가 남몰래 책장의 책갈피 속에 감춰두죠. 당신이 만든 시 한 구절에도 오간장이

타서, 만나는 자마다 넙죽넙죽 절하는 시절이 오고, 당신이 해가 되면 세상은 황홀하게 빛날 텐데, 그날이 언제 올는지 알 수 없고, 어쩌면 영영 안 올지도 모르는데, 어떡하죠? 당신이 꿈을 접고 이곳을 떠난다면. 당신이 없는 세상이 온다면.

* 2014. 3. 6.

등대

나는 언제 너에게 등대가 되나.
길 잃을 때 길이 되고
꿈 잃을 때 꿈이 되고
용기 잃을 때 용기가 되고
외로울 때 손잡아 주는 친구가 되나.

나는 언제 너에게 희망을 주나.
힘들면 붙들어 주고
넘어지면 일으켜 주고
슬프면 위로해 주고
눈뜨면 그리운 행복을 찾아주나.

나는 언제 너에게 기쁨을 주나.
젖은 몸을 씻어주고
굽은 마음을 펼쳐주고
쌓인 걱정을 내쫓아주고
행복이 넘치는 내일을 안겨주나.

너는 오늘도 바닷가 언덕에 홀로 서서

비가 오나 바람 부나 꼼짝 않고 서서
망망대해를 건너는 자에게 손 흔들며
잘 가라, 잘 가라,
당부하고, 안부를 묻는다.

낮이면 장승 되어 잠자코 꿈꾸고,
밤이면 해가 되어 어둔 바다를 비친다.
한평생 그렇게 살아온 너를 두고
순리를 아는 자는 저마다 마음속에
비문을 새기나니,
너는 지상에 뜬 별이로다!

*2014. 6. 13.

명화
— 어느 민화를 보며

천지에 우뚝 솟은 산은 세상이 너무 험하다보니
행여 하늘이라도 무너질까 싶어 벌벌 떨며
장대 같은 나무를 꼿꼿이 세워 받침대를 만들고,
깊고 널따란 강과 바다는 모질고 잔혹한 세월을
한시 바삐 흘러 보내려고 잠도 못자고 유유히 흐른다.
길가에 줄줄이 널린 질경이 쇠비듬 망초 쑥부쟁이
별의별 풀들, 이름조차 헷갈리는 천덕꾸러기들,
겉으론 궁색하고 허름한 척 내숭떨지만
가슴이나 옆구리엔 듣지도 못한 황금알을 품고 있다.
천하에 못난 지렁이 굼벵이 애벌레 딱정벌레도
하루에 몇 천리는 갈 수 있다고 믿고 있는지
밭두렁 논두렁에서 신나게 몸 흔들며 춤춘다.
마을길을 유령처럼 들랑날랑하는 바람은
평생을 떠다닌 죄로 제 풀에 몸이 지쳐
해질녘이면 남들이 안 보이는 한갓진 골목이나
숲속의 개울가에 부러진 팔을 내려놓고
다친 몸 어루만지고 한숨 쉬며 눈물 닦지만,
제 몸엔 영혼이 있다고 당당히 큰소리친다.
오나가나 하릴없이 잔기침뿐인 노인들은

무엇을 꿈꾸는지, 하루 종일 웃음 한 번 없이
동구 앞 정자에서 긴 담뱃대를 물고 앉아
하늘만 바라보며 깊은 궁리에 잠겨 있다.
오늘도 하늘에 간섭할 일을 찾는가 보다.
멋지구나! 광대놀음이 펼쳐지는구나.
이런 그림 하나면 천 량이 넘겠구나.

*2013. 11. 21.

백수白壽를 보며

참 오래 먼 길을 걸었다.
목숨이 어느덧 하얗게 변했다.
한 고개만 넘으면 하늘인 줄도 몰랐다.
한평생 굽이굽이 돌아 기어이 다다른 곳,
한없이 눈부시다.
턱밑까지 차올라 하마터면 숨질 뻔했던
어제의 일들이 머리에서 빙빙 떠돈다.
왜 이리 달라졌느냐.
길을 막던 산이 힘없이 무너지고,
가는 곳마다 화려한 꽃들이 널려 있다.
제 철도 물리치고 사시사철 휘늘어진 꽃들이
손 흔들며 깜짝 반긴다.
이제는 걱정 없이 맘 놓고 살 것 같다.
남보다 더 많이 걸어
남보다 더 먼 길에 이르고 보니,
하늘이 돕는가 보다.
어깨에 커다란 날개가 달라붙는다.
어디든지 훨훨 날 것 같다.

*2014, 1. 28.

2
내 가슴에 뜬 별

성급한 봄날

추상 같은 겨울이 처마 밑에 버젓이 남았는데
성급한 봄이 다가와서 야단법석을 떤다.
길가엔 가지만 앙상한 벚나무들이
주렁주렁 꽃망울을 매달고서 염치없이 자랑하고,
골목길 한 귀퉁이엔 백목련 자목련이
주먹 같은 꽃잎을 터트리며 멋쩍게 웃는다.
마당가 울타리엔 꽃나무 같지 않은 개나리가
노랑 병아리 옷을 입고 사방을 기웃거린다.

성급한 봄은 잎도 없이 꽃부터 불러온다.
산에 가면 산기슭마다 진달래 철쭉꽃들이
유명 화가의 꽃그림을 펼쳐놓고,
과수원에는 복사꽃 배꽃 사과꽃이
저마다 과일 냄새를 풍기며 뽐내고 있다.
산이나 들이나 어디든지
새벽부터 별의별 꽃들이 쳐들어 와서
나들이 준비도 못한 사람들을 당황케 한다.
속도 모르고 벌 나비들이 앞뜰 뒤뜰에 마중 나와
민망스럽게 어슬렁거린다.

성급한 봄날은 왠지 불안하다.
한쪽은 새로워졌는데 한쪽은 여전하다.
이런 날은 문밖에 나설 때도 조심할 일이다.

*2014. 4. 11.

어머니 모습

작은 집 조카가 시집간다고 하여
동대문 어느 옷 시장에 나섰다가
울긋불긋한 옷들이 너무 멋지고 아름다워
팔다 남은 조끼나 버려진 자투리까지
몽땅 일어나 마음을 흔들어 놓을 때,
불현듯 어머니 모습이 보였습니다.

세월이 갈수록 무거워지는 체중을 줄이고
가빠지는 숨결을 조금이나마 달래보려고
새벽부터 팔을 걷고 산에 올라갔다가
빼곡히 들어찬 나무에 소리 없이 맺혀 있는
탐스런 열매들이 슬며시 얼굴을 내밀 때,
새들이 떼 지어 날아와 즐겁게 노래할 때,

깊은 산기슭 마다 우거진 풀숲에선 끊임없이
오만가지 꽃들이 꽃대를 들고 솟구치는데,
하양꽃 노랑꽃 빨강꽃, 또는 분홍빛 자줏빛이 물든
별의별 모양의 신기한 꽃들이 모여
나비들을 데리고 향기조차 풀풀 날릴 때,

불현듯 어머니 모습이 보였습니다.

아침이면 세상길 비추는 해가 떠오를 때,
밤이면 반짝반짝 별들이 하늘소식 전할 때,
지난 날 어둡고 더러운 허물들을 샅샅이 쓸어다가
깊은 물에 흘려 버리려고 바다에 나설 때,
그 바다 물속 가득 고기떼가 몰려들 때,
불현듯 어머니 모습이 보였습니다.

아무도 따를 수 없는 거대한 바람
눈뜨고 길만 나서면 다가오는데,
너무 많아서 얼굴조차 보이지 않는
천지에 가득한 그 바람을 맞을 때에도
불현듯 어머니 나타나 재앙을 막아줍니다.
그 덕분에 미처 생각도 못한 희망을 꿈꿉니다.

저승 간 어머니가 하던 일 물리치고
어느새 제 앞에 찾아와 계십니다.
어머니! 여기보다 그곳이 더 바쁠 텐데

당신은 왜 항상 제게만 오시나요.
이승도 아닌 저 먼 곳에서 시도 때도 없이
불현듯 제게만 오셔서 손잡아 주시나요.

*2014. 8. 15.

분신

나는 어머니의 분신이다.
시골 농부의 아내였던 어머니는
지독한 가난 속에서도 큰 꿈을 품고
오직 나 하나에만 희망을 걸었다.
어머니의 지극한 정성으로
나는 어머니의 몸과 마음을 먹으며
무럭무럭 자랐다.
어느 날, 어머니가 거친 세월을 못 이겨
세상에 몸을 놓고 하늘로 돌아가자,
당신의 분신인 내 어깨엔 금세 날개가 돋고
스스로 하늘을 나는 법을 익히기 시작했다.
날아라, 날아라, 하늘 끝까지 날아라,
어머니는 보이지 않는 몸으로 날아와서
슬픈 일 막아주고 힘든 일 거들어주며
깊은 밤 꿈속에선 자장가를 불러주었다.
나는 오늘도 하늘간 어머니의 보호로
힘겨운 세상살이를 힘들지 않게 한다.
어머니의 소원대로 당신과 더불어 산다.
나는 어머니의 분신이다. *2015. 6. 21.

인연

— 정성수 형에게

한번 붙들면 다신 놓지 않는
담쟁이덩굴이나 칡덩굴로도 보인다.
반백년 겪어보니 알 것 같다.
서로가 한 발짝도 떨어질 수 없는
울타리 안에 갇혀 있다는 걸.
천 리쯤 멀리 가다가도 뒤돌아보면
서로의 옷자락에 휘감긴다는 걸.
그런 사이로 한평생 살아왔다는 걸.

옛말에 하늘만 바라보면 하늘이 되고
바다만 보면 앞길이 훤한 바다가 된다는데,
우리는 무엇을 보며 여기까지 왔을까.

우리는 어느덧 하늘과 바다가 맞닿는
수평선 위에 나란히 서 있다.
하루해를 넘기는 저녁노을이 찬란하다.
주인 없는 마을의 길목엔
꿈 많은 바람이 잠시 머뭇거리다가
어디론지 훌쩍 날아가 버린다.
내일은 무슨 바람이 불어올까.

친구여, 이제야 깨닫느니,
한 지붕 아래서 날마다 잠자거나 아침저녁
밥상에 마주앉지는 못하지만,
서로가 마음을 붙들고 움켜잡으며
여태껏 한길만 걸어왔다는 걸.
그 길이 아무리 험하고 힘겹더라도
하늘이 내려준 길이라는 걸.

*2015. 9. 2.

그리운 릴케

— 손희락 형에게

그는 내가 좋아하는 릴케다.
한평생 사랑과 정열을 가득 품고
길에 향기를 뿌리던 라이나 마리아 릴케.

해는 이미 지고, 세상도 달라졌는데
여직 떠나지 않고,
그는 도리어 젊은 청춘이 되어
내 앞에 나타났다.

예전의 릴케도 그랬을까.
정이 넘치고, 의협심에 불타고,
세상 밖의 영험한 하늘도 내다본다.
그의 몸에선 십자가의 사랑이 펄럭인다.

그가 오늘도 내 집에 다녀갔다.
해 뜨기 전에 귀신처럼 살며시 찾아와
거리에 창궐한 전염병 소식을 전해 주었다.

물 한 잔도 마시지 않고,

고맙다는 인사조차 받지 않고,
그냥 홀연히 사라졌다.

넘어진 자를 보면 일으켜주고
배고픈 자를 보면 나누어주고
길 잃은 자를 보면 손잡아주던
예수가 되어.
사랑을 실천하는 시인이 되어.

나는 릴케가 그립다.
하루도 가기 전에 기다려진다.

*2013. 7. 10.

내 가슴에 뜬 별

1. 정영민 형

내 나이 아홉 살 때였지.
가야 할 길도 모르고 철없이 허둥대던 때,
하늘에선 낯선 제트기가 소란을 피우고
멀리서 포탄 터지는 소리가 천둥처럼 울리던
그 여름. 하늘이 두렵던 그 여름,
나는 마을 앞 수로에 뛰어들어 죽을 뻔했지.
때마침 농번기라 물이 차서 넘실대고
수로는 어른의 두 키는 될 만큼 깊었는데,
나는 어찌 겁도 없었을까.
더위에 지쳐서 정신마저 나갔을까.
헤엄은 말도 아닌 젬병이라서 물만 실컷 마시고
죽음 속으로 둥둥 떠내려 갈 즈음,
불현듯 뛰어들어 손잡아 주던 친구가 있었지.
동갑내기인데도 왜 그리도 간이 컸을까.
손톱보다 짧은 인생 죽든지 살든지 함께 하자고,
어른도 못할 만큼 강한 마음이 솟구쳤을까.
여태껏 그만큼 의협심 많은 친구는 보지 못했지.
세상이란 아무리 힘들어도 살만한 곳이 분명한데

하마터면 나는 이 좋은 세상조차 놓칠 뻔했지.
지금도 그 친구 덕에 살고 있다는 생각이 들고,
어떤 어려움이 닥쳐와도 용기를 잃지 않지.
친구가 나를 살려낸 그때의 용기를 본받아서
나도 이따금 남들을 살려낼 궁리에 젖어보지.
그래서일까, 남들의 슬픈 마음을 위로하고
잠든 정신을 일깨우고, 잃었던 꿈과 희망을 전하고자
구석진 방에 홀로 앉아, 피와 살을 말리며
몇 편의 시를 쓰고 있을까?
오직 그를 위해 세월의 바다를 헤매고 있을까?

2. 김한복 형

열여덟 살이던가, 그 무렵에 만났지.
그때 나는 이른 봄날 산에 핀 진달래꽃이었지.
겉으론 화려해 보일지 모르지만,
추운 날 산에 핀 진달래꽃은 벌 받는 사람처럼
아무리 외로워도 울지도 못했지.
그때, 나를 손잡아 준 친구가 있었지.
세 살이나 앞선 그는 손에 문학과 철학책을 들고

작가나 철학자라도 되는 것처럼 뽐내고 다녔지.
개똥밭에 굴러도 세상이 좋다고 했지.
사는 게 무엇인가?
어떻게 살아야 하는가?
마음이 바다인 그는 벌써 알고 있었을까?
우리는 세월 가는 줄 모르고 가슴에 담긴 생각을 나누며
앞으로 가야 할 길을 찾았지.
그 길은 금방은 보이지 않아도 머지않아 보일 듯했지.
그는 언제나 앞서거나 뒤서는 정다운 친구가 되었고,
내가 필요할 때마다 곁에 와서
혹은 외로운 마음을 위로해주고,
혹은 허전한 가슴을 어루만져주었지.
살자면 어차피 남에게 신세지는 일인지도 모르지.
곡예사처럼 아슬아슬하기만 하던 내 삶도
그가 있었기에 길을 찾지 않았을까?
반세기가 넘은 일인데, 나는 아직도 잊지 못하지.
자다가도 뜬금없이 그의 얼굴이 떠오르고,
안부가 궁금하면 전화기를 붙들고 일어서지.

*2013. 7. 28.

마음은 약이다
— 신혜은 교수님께

마음은 약이다.
어느 날 갑자기 태풍이 몰아쳐서
재앙을 맞듯
뜻밖의 병을 얻어 병원에 가면
의당 만나는 의사님들,
그들의 마음은 약이다.
진료하고 약을 처방하기도 전에
병에 대해 소곤소곤 자상히 설명해주는
정겨운 말씀 한마디 한마디가
환자에겐 벌써 명약이 되어
심장에 뜨겁게 흐른다.

중증이라고,
의료비조차 지원받는 늙은 환자가
가슴 설레며 병원에 간다.
마주보기만 해도 절반은 낫게 하는
의사님을 만나기 위해서다.
아름다운 천사가 그리워서다.

*2015. 7. 14.

등교登校

— 학교 앞에서 1

아이들이 학교에 간다.
선생님에게 모르는 걸 배우려고,
살아가는 법을 공부하여
장차 훌륭한 어른이 되려고,
희망의 둥지를 찾아서 집을 나선다.
소꿉놀이 장난질은 뒷전에 밀쳐두고,
시간이 지루하여 견디기 어려워도
때로는 길에서 주저앉고 싶어도
꾹 참고 학교에 간다.
머리가 아프고 몸이 무거워도
기어이 일어선다.
부모님이 실망하지 않도록,
가슴에 품은 꿈이 사라지지 않도록,
단단히 맨 책가방을 등허리에 둘러메고
온몸이 땀 흘리며 헐떡거린다.
멀리서 새들이 나뭇가지에 앉아
신기한 듯 숨죽이며 구경한다.
저들만의 암호로 속삭이며 웃어댄다,

세월은 소문보다 몇 천은 빠르다.
세월이 어느새 만 리 밖으로 흘러가고
아이들이 배우고 공부한 만큼
머리와 가슴도 쑥쑥 자라서
마침내 크고 튼튼한 어른의 반석에 오르면,
세상은 온통 그들 차지가 되고,
하늘도 땅도 그들을 맞아주려니,
아이들아, 아이들아,
어서 바삐 준비를 해야지.
준비가 없으면 희망이 없단다.

*2014. 3. 6.

희망
— 학교 앞에서 2

아이들이 책가방 메고 학교에 몰려간다.
저렇게 많은 미래의 희망들이
울긋불긋한 차림으로 줄지어 걸어간다.
저마다 흥겨운 마음으로 재잘거리며
앞서거니 뒤서거니 총총히 걸어간다.

키도 얼굴도 비슷하여 분간할 수 없는
모습으로 아직은 걱정 없이 걸어간다.
그러나 세월이 소문처럼 급히 흘러
어느새 삶의 중턱에 올라서면,
그 자리에서 자기를 바라보면,
그들은 각기 어느 위치에 서 있을까.
제 꿈이 얼마큼 크고, 얼마큼 꽃피고,
얼마나 열매를 맺었을까.

사람은 누구나 꿈을 품고 살지만
모두 다 제 꿈을 이루지는 못한다.
때로는 누구인가, 몸속의 피만 빨아먹고
혹은 오장만 잘라먹고 달아나기도 한다.

그것을 팔자나 운명으로 알고 돌아서면 안 된다.

산 자의 집엔 어디나 희망의 문패가 걸려 있다.
하늘은 그 희망을 알기에
죽을 때까지 문패를 떼어가지 않는다.

*2015. 6. 2.

빛과 사랑

1. 희망

빛은 꺼지지 않는다.
사랑은 사라지지 않는다.
천년이 가도 살아남는 고전(古典)에서
사시사철 비바람 몰아쳐는 길목에서
욕심과 허영뿐인 우리들의 가슴에서
빛은 꺼지지 않는 불길이 되고
사랑은 사라지지 않는 희망이 되어
멀고 먼 세상길을 묵묵히 걸어간다.
빛은 캄캄한 어둠에 묻히지 않고
사랑은 흐르는 세월을 따르지 않고
언제나 제 자리를 꿋꿋이 지키며 살아간다.
빛과 사랑은 어디서나 부푼 꿈이 되어
길가에 펄럭이고, 병들어 누운 자나
마음이 지친 자들을 붙들어 일으켜 준다.
빛과 사랑은 죽지 않는 생명이다.
모든 존재는 그와 더불어 살아간다.

2. 절망

낮에는 해 떨어지고 밤에는 달 떨어진다.
빛은 날만 새면 사람들의 발에 밟히고
사랑은 사람들의 손에 든 장난감이 되어
정신없이 춤추고 노래하며 재롱을 피운다.
세상길 잘 보이는 뒷동산에 올라서면
아침부터 저녁까지, 어디로 가는 것일까.
허황한 사람들이, 분별없는 철부지들이
하루도 쉬지 않고 궁상떨고 허세부리며
산 넘고 강 건너 길마다 줄줄이 늘어선다.
길 잃고 하릴없는 사람들이, 가진 것 다 버리고
꿈마저 놓쳐버린 가엾은 사람들이,
부끄러워 숨을 줄도 모르고 어디나 굴러다닌다.
실의에 빠진 별들이 밤마다 하늘에 가득 떠서
걱정스런 얼굴로 세상을 내려다본다.
빛처럼 환한 꿈은 어느덧 절벽 아래로 떨어지고
부서진 몸은 어둠 속으로 사라진다.

*2013. 9. 5.

독도를 보며

장한 섬이다.
비바람 거친 파도 그칠 날 없지만
한 걸음도 물러서지 않고
언제나 그 자리를 꼿꼿이 지키고 있다.
누가 모르랴.
눈뜬 사람은 다 아는 흉악한 일들이
벽에 걸린 그림처럼 선명히 비친다.
따지자면 섬 같은 섬도 아닌데,
마을도 벌판도 없는 돌산에 불과한데
탐내는 자가 왜 그리 많은지 모른다.
하늘에도 없는 요술방망이라도 숨어 있다고 믿는 것일까.
하긴 삼천리 금수강산을 통째로 집어삼키려고
처마 밑까지 다가와 목을 옥죄던 자들로 보면
섬 하나쯤 식은 죽 먹기로 여겼을 법도 하다.
반만 년 지나도록 굽히지 않은 굳센 기상을 누가 모르랴만,
아직도 무시하고 넘보려는 자가 있으니 걱정이구나.
바다 건너 심술궂은 자들은 한갓 양심도 가책도 없이
또다시 너를 빼앗으려고 시비하고 공갈치며
여차하면 총칼마저 움켜들 태세다.
간악한 흉계가 산 넘고 강 건너 천리에 흐른다.
어제까지도 밤새우며 매몰찬 바람이 거리를 휩쓸고

오늘은 비구름이 해를 가려 하루도 맑은 날이 없구나.
얼마나 힘들고 고달프랴.
참다가 지친 사람들이 길마다 줄줄이 누워 있다.
오로지 착하고 순한 대한의 자손들을
땅 끝까지 길이 빛날 아담의 후예들을
왜 그리 무시하고 왜 그리 괴롭히는지,
무엇을 빼앗을까, 무엇을 짓밟을까,
왜 그리 호시탐탐 기회만 노리는지 알 수가 없다.
동해의 끝없이 깊은 물에 빠져 꼼짝 못하면서도
밤낮없이 찰싹찰싹 파도에 뺨을 맞으면서도
조국의 광명을 위해 찬란한 해를 떠올려 주던
독도야, 황금보다 귀한 대한의 섬아, 너는 알겠지.
너를 빼앗으려고 날뛰고 발광하는 자들을
날마다 허황하고 음흉한 음모만 꾸미는 자들을
너는 잊지 않겠지.
동해물에 몸 씻은 순정한 백성들이
억울하고 분하여 밤마다 잠 못 들고 있구나.
이제 보니 우리가 이웃을 잘못 두었나 보다.
잘 가라, 오만한 자여. 아주 멀리 떠나라.
오만은 허영을 낳고 허영은 절망을 낳고
절망은 마침내 캄캄한 무덤에 이르고야 말리니,

지나간 일이 행여 후회되고 뉘우쳐지거든
혹시라도 내일이 두렵거든 손들고 오라.
기꺼이 용서하고 정답게 맞아 주리니,
그것이 세상을 올곧게 살아온 장자의 도리려니,
서로가 다신 싸우지 않는 이웃이 되어
남은 세월 오순도순 손잡고 살면 얼마나 좋으랴.

장한 섬이다.
오늘도 수평선 너머 그 섬을 생각하면 가슴 설렌다.
동해의 바다 멀리 저 홀로 우뚝 솟은 섬,
모진 세월 굽이쳐도 마음 굽히지 않는 섬,
반만 년 조상의 얼과 숨결이 절절히 배인 섬,
백의민족의 정기가 돌부리마다 넘쳐흐르는 섬,
망망한 바다를 헤치고 맨 먼저 해가 솟는 섬,
독도여, 장하구나. 참으로 장하구나.
너를 보면 벅찬 가슴을 감당할 수 없구나.
동섬과 서섬, 암바위 수바위 사이로 쌍무지개 뜨고
꿈 많은 갈매기들 몰려들어 온종일 춤추며 운다.

*2014. 3. 1.

3월이 오면

3월이 오면 그날을 잊지 못하지.
가는 세월을 붙들어 놓고
그 뒤안길을 거슬러 오르면,
하늘에선 세찬 바람이 몰아치고
땅에선 슬픈 눈물이 그칠 줄 모르던
그때, 우리 민족의 가슴에 꿈을 심고
하늘로 떠난 위대한 영령들이
혹은 꽃이 되고 혹은 별이 되어,
날마다 길에 나와 기다리며
오가는 이의 손목을 붙잡아 주지.
삶의 진실을 위하여,
자유와 정의를 위하여,
조국의 독립을 위하여,
혹은 도시의 공원에서,
혹은 시골 마을의 공회당에서,
혹은 시장터에서,혹은 학교에서, 혹은 교회에서,
전국의 방방곡곡에서,
두 손에 태극기 움켜들고
분연히 일어선 그날을 잊지 못해

해는 밤에도 기울지 못하고
세월도 항상 그 자리에 발을 멈추지.
산천을 울리던 함성은 아직도
귓전에 머물며 목 메이게 하지.
"대한독립만세!"
"대한독립만세!"
순리를 아는 자여, 눈 밝고 귀 밝은 자여,
그대는 보고 들을 수 있으리.
그 생명의 깃발을. 그 분노의 함성을.
그날이 없었다면
우리는 무엇을 자랑할 수 있으리!
그날의 깃발이 없었다면,
그날의 함성이 없었다면,
우리는 어찌 오늘을 맞을 수 있으리!

새봄이 오는 아침, 나는 오늘도
창가에 서서 푸른 하늘을 바라본다.
어둡던 세월, 나라를 위해 몸 바치신
위대한 선열들을 가슴에 떠올린다.

기미년 삼월 일일, 정오, 파고다 공원에서
그들이 목숨을 걸고 선포한
독립선언서를 다시금 읽어보고
그들이 흔들던 태극기를 꺼내보며
그날의 함성을 가득히 되새긴다.
그들은 우리들의 영원한 횃불이다.
그들이 있기에 우리에겐 꿈이 있고
희망찬 내일이 있다.

*2013. 2. 28.

아내의 세상

아무도 꼼짝 못한다.
오장육부를 잘라낸다 해도
불평하지 않는다.

남편은 살기 위해
아내의 치맛자락을 붙잡고
어슬렁거리고,

아내는 제 힘을 지키기 위해
겉으론 웃고 있지만
속으론 강심을 놓지 않는다.

갈 길이 멀다.
날이 흐리다.
걱정이 몰아친다.

내일은 어느 사막을 건너갈지,
남편은 맨발로 걷고,
아내는 낙타를 탄다. *2015. 1. 19.

단비

농부들이 우산 없이 논길을 달린다.
초라한 모습들이 바쁘고 활기차다.
먼 데서 비를 알리는 우레 소리 기적처럼 울고,
창을 때리는 빗방울이 물고기처럼 파닥인다.
가뭄이 워낙 길었던 탓인지
너무 오래 기다렸기 때문인지
농부들은 우산을 안 받아도 즐겁고,
발목이 묶여 꼼짝 못하던 나무와 풀들도
저마다 일어서서 손들고 환호한다.

오늘은 우산 장사도 문밖에 나오지 않는다.
가뭄 끝의 비를 위해 각별한 예의를 표한다.
흔한 것도 때로는 귀한 대접을 받는다.
세상은 언제나 저 하기 나름이다.

*2013. 7. 2.

눈물

가슴이 큰 사람은 눈물이 많다고 한다.
가슴이 작고 매몰찬 사람은
천 년을 살아도 눈물 한 방울 없이
몸속에 검붉은 피만 빙빙 돌지만,
가슴이 크고 정이 많은 사람은
몸 안에 성을 쌓아 눈물을 담아두고
그 맑은 물에 몸 씻으며 산다고 한다.

눈물의 정체는 무엇일까.
어디서 와서 무엇을 하는 것일까.
눈물 앞엔 아름다운 시내가 흐르고
눈물 옆엔 끝없는 강이 흐르고
눈물 뒤엔 하늘 같은 바다가 펼쳐져 있어,
눈물은 마를 날 없이 그곳을 넘실대고
철썩 철썩 파도치며
어두운 세상을 깨우쳐주는 것일까.

누군가 새벽부터 목욕하고 눈물의 의미를
되새긴다면, 그는 정녕 천사가 되리라.

그러니 사람들아, 울어라. 자꾸 울어라.
천사가 되려거든 더욱 많이 울어라.
해지기 전에, 잠들기 전에, 어서 슬피 울어라.

내 손녀 예림이는 벌써 그것을 깨달았는지,
걸핏하면 운다. 학교에 갈 때도 울고
피아노 학원이나 영어학원도 갈 때도
눈에서 눈물부터 훔치기 시작한다.
눈물의 의미를 말없이 보여준다.

할머니는 그것을 아는 모양이다.
아침마다 손녀 앞에 바가지를 갖다 놓는다.
눈물을 모아서 어디에 쓰려는 것일까.
어둡고 더러운 곳을 찾아 씻으려는 것일까.
그러면 세상은 한결 깨끗해지리라.
사람들의 마음도 맑아지리라.

*2013. 4. 5.

아이를 위하여

학고 가는 아이가 시간에 쫓겨 헐떡거린다.
길 건너던 아이가 돌에 걸려 넘어진다.
아이가 헐떡거려도 눈길을 주지 않고
아이가 넘어져도 모른 듯이 지나쳐버린다.
사람들은 남의 일에 관심 없이 살아간다.
제 일이 그만큼 바쁘기 때문일까.

아침이면 하늘 보며 소망을 비는 아이,
차를 보면 꿈을 찾아 떠나고 싶은 아이,
비 오면 우산이 없어 몸으로 비를 맞고
하루 세 끼 죽도 못 먹어 허기진 아이.
하늘도 무심하게 버려둔 아이,
그런 아이는 없는지
문밖에 나가 찾아볼 일이다.

시간은 그들을 위해 기다려주지 않는다.
잃어버린 시간의 뒤편에 서서
어제 만난 아이들을 떠올려 본다.
외롭고 힘겹게 자라는 나무를,

내일을 이끌어갈 그 희망을,

그들을 생각하며 간절히 당부한다.
아이야, 잘 자라라, 어서어서 잘 자라라.
세상이 놀라도록, 꽃피고 열매 맺어라,

*2013. 7. 18.

황혼

저문 날에 비를 맞는다.

젊을 땐 하루도 못 참고
불타오르던 꿈,
밤에는 머리맡에 두고
잠도 못 자던 사랑,

해처럼 빛나고
꽃처럼 아름다워
소문이 천리에 이르더니,

쏜살 같은 세월도
구경하는 재미에 젖어
굼벵이 담 넘어가듯 머뭇거리더니,

가는 길이 어두워 물어보는 사이,
어느덧 꼬리조차 감추고
문 앞엔 짓궂은 바람만 몰아친다.

젊을 땐 하늘까지 치솟던
그 향기는 어디로 가고
낡은 가죽만 남아서 비에 젖는다.

차가운 비가 온몸을 적신다.

*2013. 8. 30.

슬픈 흔적
— 상처에 관한 기억

오가는 길목엔 언제나 흔적들이 떠나지 않지.
세월의 수레바퀴를 빙글빙글 돌며
어쩌다 생각지도 않은 날벼락을 맞기도 하고
때로는 돈을 줍듯 횡재를 만나기도 하지.
그런 일들은 기쁘거나 슬프거나 가리지 않고
흔적이 되어 크면 클수록 기억에서 떠나지 않지.

어릴 때 전쟁이란 날벼락 맞은 일 있지.
하늘에 별 아닌 총알이 넘쳐흐르고,
이웃집 아저씨와 삼촌이 어느 사이에 사라지고,
세상이 무서워 초가삼간 좁은 방안에서
이불을 쓰고 꼭꼭 숨어 울지도 못할 때
슬그머니 옆구리에 날아와 눕던 탄피.
얼마나 놀랐을까. 뙤약볕처럼 이글거리던 꿈도
살금살금 뒷걸음치다 어디론지 숨어버렸지.

그 후 하늘은 항상 얼음장같이 차갑고
땅은 캄캄한 어둠만 자꾸 밀려와서
살 길이 막막했지. 모진 세월이었지.

어느덧 늙어서 머리가 희끗희끗 변하자
숨었던 꿈들이 이제 와서 절뚝거리며 얼굴을 내밀지만
흘러간 세월을 어디서 되찾을까.
억울하고 분하고, 마주할 용기도 사라지지.
고요한 저녁이면 슬픔이 온 방을 차지하지.

멀리멀리 흘러가버린 세월의 뒤편에서
티끌 하나 남지 않은 허망한 거리에서
오늘도 쉬지 않고 뚜벅뚜벅 걸어오는
그 때의 모습이, 보이지 않는 그 흔적이
왜 그리도 무섭고 두려운지,
어제가 오늘 같고 오늘이 어제 같은 혼돈의
늪에 빠져, 한 발짝도 헤쳐나지 못하지.
상처는 그만큼 슬픈 흔적을 남긴 것일까.

부러진 날개여, 시든 꽃이여,
어찌하면 그 상처를 치유할 수 있을까.
그를 붙들어다 햇볕 좋은 뜰에 옮기고
굽은 곳은 펼치고 여린 곳은 어루만지며

물주고, 밥 주고, 술 주고, 떡 주고, 기름 주고,
밤낮으로 보살피면 걱정 없이 잘 자랄 수 있을까.
상처를 씻어주는 빛이 될 수 있을까.

하지만, 길러줄 주인이 없으니 어쩌랴.
주인 없이 누가 나서서 너를 기를 수 있으랴.
그래서 꿈은 언제나 이루지 못하고
제 몸을 떨치고 멀리 사라지나 보다.
세월이 앞장서 끌고 가 버리나 보다.
상처의 흔적만 흉터처럼 오래도록 남아서
오가는 길목을 지키나 보다,

*2014. 11. 19.

꿈꾸는 별들

양주골 천문대 천정에 떠 있는 가상의 하늘에서
실제로 살아 있는 별들을 구경한다.
한겨울 벌판에서 세차게 휘날리는 눈발처럼
어둡고 고요한 밤하늘에 가득 쏟아지는
별들의 행진을 영상을 통해 바라본다.
이 거짓말 같은 사실이 믿기지 않아
눈 감았다 뜨고, 다시 뜨고,
감았던 눈두덩을 비벼도 보고,
그러다 마침내 눈시울이 붉어진다.
굉장하구나. 굉장하구나.

태어난 지 137억년이 된다는 무한 광대한 우주,
46억년을 쉬지 않고 6천도의 열을 내뿜는 태양,
50억년을 살았다는 지구는 그 태양을 빙빙 돌고,
지구의 주위를 달은 또 45억년 동안이나
끊임없이 돌고 돌며, 장난이 아닌데도
장난 같은 일들이 버젓이 벌어지고 있다.
항성, 행성, 위성, 혜성, 유성, 소행성들이
무슨 조화를 꾸미는 것인지,

제각기 제 식구의 별들을 거느리고
한 치 오차도 없이 제 역할을 하고 있다.

그러한 별들이 은하계만 4천억 개에 이른다 한다.
미국의 팔로마 천문대에서 육안으로 관측한
별들만 해도 29억 개나 된다고 하니,
도대체 그 웅대한 일을 믿어야 할지,
그냥 덮어버리고 말아야 할지,
머리가 어지러워 종잡을 수가 없다.
어찌 보면 해괴하고 황당하기 그지없지만
엄연한 사실이라는데,
과학자가 직접 목격한 일이라는데,
어찌 모른 척 외면하고 돌아서랴.

그 많은 별들은 저마다 꿈이 얼마나 클까.
우주 만물 어느 것보다 크고 웅장할까.
억만 년이 흘러도 변하지 않을 꿈들이
저들의 가슴에서 항상 용솟음치고 있을까.
저들에게도 저만의 하늘과 땅과 바다가 있고

저들의 생명과 문명까지도 거느리고 있어
희망과 행복이 넘치는 내일을 꿈꾸고 있을까.
저들의 꿈을 온 천지에 알리려고 밤이면 반짝반짝,
제 몸을 불태우며 소식을 전하는지도 모른다.
만나자고! 함께 살자고!

나는 과연 저 별들과 만날 수 있을까.
저 별들과 함께 살 수 있을까.

*2013. 8. 29.

섭리

젊은 친구가 갑자기 세상을 떠났다.
옛날 옛적, 권세가 하늘에 닿던 임금도
끝내 거역할 수 없었던 곳으로,
요즘엔 백년쯤 거뜬할 것 같던 사람도
어제까지 멀쩡히 산을 넘던 사람도
하루를 더 참지 못하는 곳으로,
뒤에서 부르면, 앞에서 손 내밀면
누구든 따를 수밖에 없는 곳으로,

보이지 않는 끈에 묶여 끌려갔을까.
그동안 어떻게 살았기에 졸지에 당했을까.
세월이 멀다 하고 눈감고 모질 게 살았을까.
남의 등에 칼을 꽂았을까.
한 줌도 안 된 욕심을 놓지 않으려고 발버둥 쳤을까.
혹시 가기 싫어 주저앉았을지도 몰라 뒤돌아다보니
텅 빈 길에는 바람만 분다.

귀한 세상 마음 바르게 살 일이다.
하늘은 알아도 말을 하지 않는다. *2014. 7. 19.

3
소란한 세상

소란한 세상

세상이 잘나면 시끄럽다.
사람이 잘나면 시끄럽다.

어디든 세월이 머무는 곳엔
구석진 모퉁이나 바람이 지나는
틈새까지도
잘난 사람들이 모여들어
잘난 세상을 부추긴다.

못나도 잘난 척 우쭐거리고
잘나면 더욱 잘난 척 건방을 떨며
세상바닥을 어지럽힌다.
어디 가나 못난 것은 없고
잘난 세상에 잘난 사람만 득실거린다.

정작 잘나서 수줍은 사람은
저들이 요란스럽게 소란을 피우는 통에
깊은 밤에도 잠들지 못 한다.

*2013. 9. 1.

바퀴

가는 길 오는 길엔 바퀴가 있다.
오가는 손님을 묵묵히 기다린다.

천년을 가도 눈에 보이지 않고
만년을 달려도 길에 닳지 않는
신기한 바퀴.

그 바퀴는 얼마나 튼튼할까.
바퀴의 축마다 금강석을 달았을까.
바람이 모이라고 청실홍실 달았을까.

나는 오늘도 그 바퀴를 타고
어디론지 가고 있다.

그 바퀴에 실려 모두가 가고 있다.
싫어도 좋아도, 가고 있다.

*2015. 8. 20.

사람은 모른다

나무를 보면 안다.
저들의 마음은 오로지 하늘에 있고,
짐승을 보면 안다.
저들의 마음은 오로지 땅에 있다.
하지만 사람을 보면 모른다.
저들의 마음이 어디에 있는지,
하늘에 있는지, 땅에 있는지,
도무지 짐작을 못한다.

잘난 사람이 잘난 척하며 힘주어 말한다.
한 뼘도 안 되는 세상 넓게 보지 마라.
시간이 없으니 오래 살려고 하지 마라.
새보다 작은 머리로 남을 속이지 마라.
총이나 칼을 품고 길에 나서지 마라.
남의 집을 기웃거리지 마라.
남에게 돌 던지지 마라.
시기 질투하지 마라. 남을 짓밟지 마라.
명심하라. 명심하라.

못난 사람이 못난 척하며 겸손히 말한다.
밤길 조심하고 낮길 조심하고
비탈길 조심하고 오솔길 조심하고
가는 길 오는 길 조심하라.
마음도 조심하고 꿈도 조심하라.
지금은 오로지 조심할 때,
맑고 고운 마음을 가질 때,
하늘을 보며 조심을 다짐할 때,
조심하라. 조심하라.

하늘이여, 저들을 붙들어주소서.
이제는 저마다 도리를 깨닫고
아름다운 세상을 만들게 하소서.

*2014. 3. 13.

안개

안개가 세도를 부렸다.
천지가 아득했다. 그래도 걱정은 되지 않고
오히려 평안했다.

길이 있어도 보이지 않고
건물이 솟아도 보이지 않고
사람이 지나도 보이지 않고
아무것도 보이지 않으니,
걱정은커녕 고요한 침묵만이
묵묵히 흐른다.

이 기이한 세계가 신비롭다.
눈앞엔 온종일
산도 없고, 들도 없고,
해도 없고, 달도 없고,
자욱한 안개만이 너울너울 춤춘다.

이만큼 아늑한 곳이 어디 있으랴.
다시 만나고 싶어

새벽마다 눈 부비며 집을 나선다.
안개가 꿈꾸는 곳을 찾는다.

*2013. 9. 15.

비 오는 날에

비가 사납게 오네요.
넘어지고 부서진 것 없나요.
급하거든 연락주세요.

그냥 넘기다가 해 지고 어둠이 깊어지면
갈 길이 막막하고 두려움이 몰려들면
눈앞에 허깨비 나타나 너울너울 춤추면,

당장 그리운 꿈 깨어지고
몸 바쳐 쌓아올린 공든 탑 무너지고
모두 낭패할지도 모르려니,

지체 말고 연락주세요.
먼 길이 아니거든 발 벗고
단숨에 달려오세요.

사납던 비 이내 그치고
앞을 가리던 물안개 걷히고
걱정이 물러가면,

떠나간 친구 돌아오고
무너진 꿈도 다시 돌아올 텐데,
어서 만날 준비를 해야죠,

*2014. 8. 19.

이상한 관계
— 사람과 돌 사이

억만 년 지나도 꿈쩍 않는 산,
거기서 떨어진 돌멩이들이 산기슭마다
하릴없이 굴러다닌다.
천만 년 지나도 사라지지 않는 마을,
거기서 떨어진 사람들이 길거리마다
힘없이 떠돌아다닌다.
오가는 세월엔 관심이 없고,
오직 제멋대로 살기만 바쁘다.

그들은 왠지 이상한 관계다.
돌멩이는 사람을 만나면 몸을 낮추고
죄 진 듯이 엎드리지만,
사람은 돌멩이를 보면 앙숙을 만난 것처럼
괜히 성질이 나서
험한 발길질로 길 밖으로 차내 버린다.
바람도 새도 구경만 하고 지나간다.
그렇게 저들은 허망한 시간의 위에 누워
세상 밖으로 하루하루를 흘러 보낸다.

돌과 사람은 문 밖에만 나서면 마주친다.
그래도 서로가 마음을 열지 못한다.
저마다 무엇을 꿈꾸며 살아온 것일까.
지내온 세월이 다르니 마음도 다른 것일까.
하지만 살아 있을 때는 그럴 수 있더라도
죽어서는 절대 안 된다.
죽으면 부서지고 썩어져서 마침내 흙이 되고,
그때는 별 수 없이 한 몸이 된다.

*2014. 6. 3.

벽 앞에서

길을 가려고 밖을 나서면
길은 없고 캄캄한 어둠만 보인다.
얼굴도 모르는 놈이 앞에 서서
길을 막고 서 있다.

어젯밤에도 그놈을 만나
한바탕 머리가 터지게 싸우다
상처만 입고 돌아섰다.

세상에 너처럼 무식한 놈은 없다.
제 것도 아닌 길에 벽을 치고
한 발짝도 물러서지 않는다.

너의 꿈은 무엇이고
내게 무엇을 바라는가.

오늘도 너는 내 앞에 나와
장승처럼 버티고 서 있다.

어쩌면 좋으랴.
처마 밑에 찾아온 희망도 행복도
너를 물리치지 못하면
맞을 수가 없으니.

*2013. 12. 10.

투정

마음이 홀려 잘못 든 길도 아닌데,
집만 나서면 장승처럼 우뚝 선 불만들이
온갖 투정을 부리며 앞을 막는다.
소문은 자주 들어 알고 있지만,
믿을 수 없고 터무니없는 일이라서
정신을 가다듬고 되돌아보면
발 벗고 팔 걷고 혹은 옷조차 벗어 던지고
일어선 투정들이 청실홍실 실타래를 풀며
어디서나 신기한 곡예를 한다.
그럴 이유가 무엇인지, 그래도 되는지,
짚어볼 틈도 없이 투정은 어느새 큰소리치며
마을로 들로 산으로 끝없이 뻗쳐나가고,
요즘처럼 더위가 활개 치는 날에는
지붕 큰 처마 밑이나 나뭇가지 휘늘어진 샘터로 몰려들어
얼씨구절씨구 춤추며 한바탕 굿판을 벌인다.
투정은 보이지 않는 날개가 되어 거침없이 날아다닌다.
저 하는 일이 바른지 그른지 분간도 못하고,
그 후 어떤 재앙이 닥칠지 짐작도 못하고,
제 몸 붙들어 줄 체통이나 분수도 없이

사람들은 오직 버릇처럼 투정에만 몰두한다.
투정은 이제 일상의 병이다. 고칠 수 없는 만성질환이다.
하지만 그가 없는 세상은 듣지도 보지도 못했으니 어쩌랴.
가진 것 다 내놓고 마음조차 뒤집어 버리고,
문밖에 나가 그와 함께 춤이나 실컷 출어 볼까.
아무런 이유 없이 투정이나 부려 볼까.

*2014. 7. 20.

사랑은

한 평생 공들여도 모자랄 판인데
짬만 나면 싸우고 부수고 발광하며
우스운 광대놀이를 한다.

길가엔 쓰다 버린 물건들이
산산이 부서진 채 굴러다니고,
허망한 바람만 풀풀 날린다.

마음이 아무리 험하고 모질다 해도
제 숨결은 남기는 법인데,
사람은 왜 이토록 미련한가.

모두 사라졌구나.
사랑은 이제
흔적도 남지 않았구나.

*2013. 9. 1.

질투

꽃길을 가다가 질투가 났다.
꽃은 저 혼자 피었는데,
사람은 누구나 제 맘대로 몰려들어
만지고, 꺾고, 향기마저 빼앗아 갔다.
그런 자들을 다 몰아내고 싶었다.
남들은 눈멀고 코 막혀 만져보지도 못하고
저 황홀한 세계를 혼자서 갖고 싶었다.

밤에 하늘을 보다가 질투가 났다.
캄캄한 어둠을 뚫고 반짝반짝 빛나는
저 찬란한 별을 몽땅 갖고 싶었다.
밤이면 하늘을 어슬렁거리는 자들은
마을 밖으로 몰아내버리고,
혼자서 별과 함께 살고 싶었다.
별과 더불어 영혼을 불태우고 싶었다.

질투란 남을 내쫓으려는 배반이 아니라
자기를 지키려는 집착이다.
자기만을 위한 사랑이다.

*2015. 2. 2.

힘든 세월

봄이나 가을이 살기 좋다고 하는데
그런 계절은 어디에 숨고,
요즘도 겨울 같은 한파가 몰아쳐서
몸과 마음이 꽁꽁 얼어붙었다.

꿈은 지쳐서 강 건너 벌판에 눕고,
구경하는 이조차 손목 잡힌 채
바람에 휩쓸려 거리에서 떠돈다.

세상을 따뜻하게 비쳐 보려고,
사람을 아름답게 가꿔 보려고,
가녀린 펜을 들고 깊은 밤을 지새우는
시인이나 철학자들도 있다지만
그런 사람은 서점에서도 만날 수 없다.

세상 돌아가는 일이나
사람 살아가는 일이나
다 같이 정신을 잃은 듯하다.

문밖엔 찬바람이 휘몰아친다.
이 계절이 지나가려면
얼마나 먼 길을 걸어야 할까.

하루가 십년 같은 힘든 세월이
얼마나 흘러야 할까.

*2014. 12. 21.

겨울 일기

친구도 없이 하늘에만 매달린 해가
아침부터 진종일 혼자서 놀다가
오늘도 세상이 시끄러워지자
살며시 땅거미를 그리며
서산 너머로 사라진다.

고집통이로 유명한 해는
수십억 년을 그렇게 살아온 대로
여전히 고집을 꺾지 않고,
온몸을 불태우며
세월이 끝날 때까지
지구가 사라질 때까지
저만의 전설을 쌓으려 한다.

땅에선 나무와 풀과 짐승과 온갖 만물들이
제 얼굴을 알리려고 저마다 단장을 하고
길에 나선다. 혹은 고운 옷 갈아입고,
혹은 온몸에 분칠하고, 혹은 잎 피고 꽃 피우며,
산에서 들에서 마을에서,

하루도 쉬지 않고 새벽부터
문 밖으로 나선다.

봄에서 가을까지, 겨울이 와서 발딛기까지,
춤추며 노래하며 즐거움을 누린다.
그러다 멀리서 겨울 소식이 들려오면,
세상은 별안간 달라진다.

고집통이의 해는 어느새 뒷전으로 물러서고,
평화스럽던 나무들은 꿈을 잃고
가진 것 다 내버리며
어디론가 떠나갈 채비를 하고,
어제 만난 짐승들도 무엇이 두려운지
제 몸 숨길 자리를 찾으며
두리번거리다가,
산기슭 바위에 서서 하늘을 보며
슬픈 노래를 부른다.

겨울은 항상 서럽다.

산천은 고요하고,
길은 텅 비고,
마을은 문 걸고 숨죽인다.
기온은 영하로 뚝 떨어지고,
바람만이 저 홀로 골목을 지킨다.

*2013. 11. 24.

무지하다

버릴 것들이 무지하다.
볼수록 어질어질하여
다가설 수가 없다.

어둔 밤에는 히뜩히뜩하고
밝은 낮에는 어둠침침하고,
그 속에 무엇이 든 것도, 아닌 것도 같아
헷갈리게 하고,

무어라 할까, 무어라 할까,
도무지 답답하여 말을 못한다.

차라리 고쳐보면 어떨까.
구부러진 것은 펼치고
부서진 것은 불태워버리면,

무슨 싹이 돋지 않을까.
무슨 희망이 솟지 않을까.

*2013. 9. 1.

묘비墓碑

세월을 이기는 자는 없었다.

세월의 손을 뿌리치지 못한 채
아버지 묵묵히 세상을 떠나고,
얼마 후 어머니조차 뒤따르자,
솜씨 좋은 석공에게 간절히 부탁하여
세상에 알리는 비를 세우고,
거기에 글자를 새긴다.

學生金寧金公仁先之墓
儒人全州崔氏姓女之墓

내 고향 김제 땅 내촌마을에 가면
한적한 밭 가운데 묘비가 서 있다.

세월도 그것만은 거두어가지 못한다.

*2015. 7. 25.

흘러간 고향

내가 낳고 자랐던 고향 마을엔
이상하게도 내가 살아온 흔적이 없다.
내가 쓰던 손길도 발길도 어깨나 가슴도
심지언 내가 입다 버린 신발이나 옷가지도
자투리 하나 남지 않았다.
전북 김제군 죽산면 홍산리 내촌 91번지,
주소나 번지도 기억 밖으로 흘러가 버렸다.

그때 내가 살았던 집은 벌써 허물어지고,
내가 등을 기댔던 잔등머리의 소나무나
가쁜 숨결을 가다듬던 길목의 친구도 떠나고,
나마저 알 수 없는 어느 곳에
꼭꼭 숨겨 두었던 푸른 꿈들도
몽땅 먼지나 부스러기가 되어
세상 밖으로 날아가 버렸다.

세월이 더 가기 전에 그곳에 찾아가서
구경이라도 하려 하면,
바람도 모른 척 돌아선다. *2015. 7. 25.

누구인가

눈은 마음보다 작은 게 마땅하지만,
눈에 보이는 것만으로도 세상은 손톱보다 작다.
그러나 눈으로만 볼 수 있는 것들이
한순간에도 산처럼 쌓인다.

너는 누구인가.
산 것과 죽은 것, 큰 것과 작은 것,
귀한 것과 흔한 것, 아름다운 것과 추한 것,
기쁜 것과 슬픈 것,

광막한 하늘 아래 삼라만상의 온갖 것들이
춤추고 노래하고, 넘어지고 굴러다니고,
세상 바닥을 휩쓸며 소란을 피운다.

그게 누구인지 혹은 무엇인지
알고 싶어도 알지 못한다.
어렴풋이나마 짐작도 못한다.

그가 내게 오거나 내가 그에게 다가가

서로 손잡지 않으면 알 수 없다.

관심을 줄 때 희망은 열린다.
그가 누군지 알려면, 서로가 만나야 한다.
짐작하거나 멀리서 바라만 보지 말고
몸과 마음이 부딪쳐야 한다.

*2013. 9. 11.

폭군
— 총기에 관하여

너는 폭군이다.

만물이 네 앞에서 무릎 꿇는다.
엽총, 권총, 소총, 산탄총, 저격총, 기관총,
별의별 이름으로 세상을 겁주고 괴롭힌다.
네 앞에 서면 누구든 초로의 목숨이 된다.
네가 머무는 곳은 잠시도 편할 날 없다.
천하장사도 너에게 한 방 맞으면
여지없이 거꾸러지지 않을 수 없기에
너의 모습만 보아도 소름끼치고
네가 스쳐간 곳은 어김없이 태풍이 인다.
하늘이 내린 초원은 폐허가 되고
땅에서 이룬 문명은 뒤엎어지고
가슴에 남은 꿈마저 물거품이 된다.
아무리 귀중한 목숨도 파리 목숨이 되고
가는 길은 막히고 오는 길은 무너진다.
너의 정체는 대체 무엇이냐.
천지가 뒤집힐 때마다 네가 앞장섰음을
누가 모른다 하랴.

아직도 너는 행패를 멈추지 않는다.
동이든 서든 세계 어디서든 네 소리가 진동한다.
생명의 가치를 모르고 하늘의 뜻도 눈치 못 채고
오직 적만을 쓰러뜨린다는 이상한 야욕에 사로잡혀
눈만 뜨면 깃발 들고 거리를 휘젓는다.
딴에는 평화를 지킨다는 명분을 달고 있지만,
그러면 얼마나 좋으련만, 누가 믿고 기대하랴.
너는 애초 태어나지 말았어야 할 위험한 존재.
네가 있기에 새우 싸움은 고래 싸움이 되고,
너는 죽자 사자 가슴에 불 지르는 흉기가 되어
날이 갈수록 불안하고 험악한 세상을 만든다.
너의 창에는 밤에도 달빛이 비치지 않는다.
야망과 허영에 찬 어둠만이 출렁일 뿐,
너는 한 번도 승리하지 못한다.
남을 죽이면 자기도 살아남지 못하는 게
엄연한 이치거늘, 어찌 저 만이 살기를 바라랴.
너의 흉악한 소문은 천리 밖에도 자자하다.
전선에는 어디나 네가 전쟁 도구로 쌓여 있고,
의심 많은 사람들은 안방에도 버젓이 걸어둔다.

너는 오늘도 타고난 성질을 참지 못하고
방아쇠를 당기려고 누군가를 겨냥하고 있다.
누가 언제 어떻게 너에게 당할지 모르기에
늦기 전에 눈 부릅뜨고 경계할 일이다.
어느 해 여름 전쟁터에 나간 옆집 삼촌도
살아서 돌아오지 못하고 구천에 머무느니,
보라, 백 년의 목숨도 한 방에 멈추고 마는구나.

탕!

*2015. 6. 6.

병후에

한번쯤 당한 사람은 안다.

죽어도 알 수 없는 병의 마을,
속마음은 좀체 드러내지 않고
겉만 멀쩡하고 번지르르하여
아무도 의심하지 못한다.

그러나 그곳에 들어선 사람은
어김없이 병을 얻어
죽을 둥 살 둥 고생을 한다.
죽지 않은 게 다행으로
겨우 자리에서 일어서면
다시는 눈길도 주지 않는다.

세상 물정 모르는 사람들만
아직도 호기심에 젖어
그곳을 넘보며 서성거린다.

*2014. 11. 12.

독백
— 화장터에서

바빠서 뒤돌아볼 틈이 없다.
나는 앞서가고,
너는 뒤따르는 줄만 안다.

네가 아무리 귀한 척해도
불현듯 별 수 없이 무너지고,
너 홀로 어디쯤 날아가다
모두 사라진 곳에 이르면
낯선 관문이 열리고,
그 아득한 곳으로 날아간다.

잘 있거라, 잘 가거라,
살아서는 인사도 못하더니,
오늘은 새벽부터 찾아와
한쪽은 손잡고 울고
한쪽은 손 놓고 운다.

문 밖은 어느새 해 떨어지고
바람 불고, 비 내린다.

어서 떠나고 싶다.
어서 불태워다오.

*2014. 12. 8.

사이에서

하늘이 흐렸다 갠 사이,
바람이 불었다 잔 사이,
비가 내렸다 멎은 사이,
꽃이 피었다 진 사이,
새가 울었다 그친 사이,
친구가 왔다 간 사이,

첩첩히 쌓인 어둠을 뚫고 날이 밝으면
허튼 꿈만 떠도는 하루 또 하루,
손톱보다 초라한 아침과 저녁
걱정밖에 모르는 빛과 어둠
상처만 돋아나는 허영과 야망
곳곳에 깃발처럼 펄럭이며
돌아설 줄 모른다.

어디든 널려 있는 티끌만한 그 사이
사이를 금방 지날 줄 알았는데,
그 속에 또 다른 세월이 버티고 서서
도도히 흐르고 있다. *2014. 5. 16.

4
보이지 않게 사는 법

신년사
— 새해 아침

눈만 뜨면 아침인데 새로울 리 없다.
그러나 새해 아침은 다르다.
그날이 삼백 육십오 일이나 돌고 돌아
찾아오는 아침이니 새롭지 않을 수 없다.
늙을 땐 가는 세월이라서 아쉽고 슬프지만
젊을 땐 오는 세월이라서 자꾸 기다려지고,
가슴에 뜨거운 불길이 훨훨 타오른다.

그날을 기념하는 새해 아침이다.
하루가 지나고 눈만 뜨면 다시 오는
작은 고개의 아침이 아니라
작은 고개를 열두 달이나 넘고 넘어
비로소 큰 고개에 다다른 아침이니
어찌 감회가 깊지 않으랴.

먼저 간 조상을 위해 차례상을 차리고
살아남은 가족들이 나눠 먹을 음식 준비에 바쁘다.
떡 만들고 고기 굽고 전 붙이고 술 빚느라
섣달그믐은 해가 한나절보다 짧게 간다.
그래도 불평할 겨를이 없다.

이 고개를 일흔 번만 넘으면 허리가 굽고
여든 번을 넘기면 자리에 주저앉아 일어나기도 못하는데,
그러기 전에 살아갈 길을 찾아야지.
가족들 모아놓고 대책을 마련해야지.

새해 아침은 그래서 더욱 중요하다.
아이에서 어른까지 부모형제 가족들이 다 모여
서로 머리 맞대고 작은 손을 맞잡고
마음을 활짝 열며 송구영신을 외친다.
지나간 시간을 돌아보고 다가올 시간을 재어보며
작은 고개 큰 고개 자신 있게 넘을 것을 다짐한다.

오, 즐거워라! 오늘은 행복이 넘치는 날!
아이들은 거저 생긴 복돈에 수지맞아 즐겁고,
어른들은 남아 있는 꿈이 있어 행복하다.
석양길 가는 노인들은 빈손이어도 걱정 없다.
이런 일들은 하늘에서도 알고 있는지,
오늘 아침은 해가 유독이 밝다.

*2014. 1. 1.

길

길은 살아 있는 것이지
죽은 것이 아니다.

길은 끝없이 달려가는 것이지
멈춰서는 것이 아니다.

사람들은 길의 정체를 모른다.
길은 아무데서나 끊기고, 막히고,
주저앉고, 눕고, 돌아서는 줄만 안다.

길은 언제나 제 길이 없고
목숨조차 없는 줄만 안다.

길을 모르면 길을 가지 못한다.
길이 있어도 길을 찾지 못한다.

*2015. 6. 20.

습관

시골 가면 별일을 겪는다.
여름밤 시골집 마당에 들어서면
모든 불빛은 더위에 쫓겨나고,
캄캄한 밤하늘엔 희미한 별만이 아롱거린다.
해가 뜨거워 발가벗고 다니던 짐승들도
어둠속에 숨어 버리고,
끝없는 허공만이 사위를 에워싸며
긴장감을 끌어올린다.
눈치 없는 바람은 아직도 역적이 되어
또다시 해의 불길을 끌어다 놓지만,
사람들은 그래도 불만이 없다.
오래 적부터 젖어온 습관이기에
이래도 저래도 걱정이 없다.
그들은 아무것도 두려울 게 없다.
세상이 불볕 속에 빠져도
태풍이 무섭게 불어와도
비오고 천둥치고, 길이 무너져도
아무렇지 않게 하늘만 본다.
그들은 벌써 하늘과 내통한다. *2013. 7. 17.

시인의 고향
— 김삿갓을 기리며

김삿갓 시인이 태어난 마을로 이사 와서
그분의 그림자를 밟으며 산다.
세월은 강철같이 억센 팔로 항상 거리를 휩쓸며
멀쩡한 몸을 끌고 가지만,
그분은 도리어 세월을 당당히 물리치고
오늘도 마을의 고샅길을 유유히 산책한다.
"삿갓 시인님, 안녕하세요?"
어느 누가 반가워서 손 흔들며 인사드리면
삿갓 시인은 삿갓머리를 살짝 치켜 올리며
빙긋이 웃을 뿐, 아무 말이 없다.
누군가 그분과 술 한 잔 했다는 소문도 돌지만
그때 무슨 말을 나눴을까 궁금하여 알아보면
정작 만난 사람은 나타나지 않으니,
발 없는 뜬소문이거나 아직도 그분이 그리워서
누군가 슬쩍 꾸며낸 조화일 게 분명하다.
하지만 그분을 두고 벌어지는 이런 일들이
실제가 아닌들 무슨 대수가 되랴.
오히려 깃발처럼 자랑스러운 일이 아니랴.
김삿갓 시인의 고향에 몸 두고 사는 것이나

그분을 생각하고 숨결을 느끼는 것만으로도
마음이 어느덧 푸르고 새들이 날아든다.

*2014. 10. 5.

흘러간 시간

흘러간 시간을 간섭하지 말 일이다.
돌이킬 수 없는 것을 뒤돌아보지 말 일이다.
밤이 지나고 아침이 오면
홀연히 손 씻고 일어나 낡은 것 다 치우고,
마지막 티끌마저 털어내 버리고,
새로운 시간의 길 앞에 나설 일이다.

지나간 일을 아쉬워하지 말고
어제 버린 돌이나 풀들도 걱정하지 말며,
새로운 길이 비좁고 낯설더라도
팔팔 뛰는 심장을 단단히 움켜쥐고
오로지 그 길을 향해 꿋꿋이 나아갈 일이다.

오는 시간은 길지만 가는 시간은 짧다.
가는 시간은 부끄러워 금세 종적을 감춘다.
하지만 오는 시간은 꿈에 부푼 나머지
횃불 들고 와서 세상의 문턱을 환하게 비춘다.
어느새 절망이 사라지고 희망이 솟구친다.

흘러간 시간을 탓하지 말 일이다.
오는 시간 붙잡고 몸 바쳐 일할 일이다.
때로는 거대한 탑을 쌓고 위대한 역사를 만들어
시간의 길조차 막을 수 있는 힘을 기를 일이다.
세월의 손엔 희망과 절망이 들려 있어
누구든지 일한 만큼 공평히 나누어준다.

*2013. 11. 27.

선거전

예전에는 그랬죠. 선거가 아니라 싸움이었죠.
유세장에서 싸움을 했죠.
내 나라 내 고장을 평화롭게 하고
내 가족 내 이웃을 아름답게 가꾸어 줄
정직하고 능력 있는 사람을 찾으려고,
길가에 몰려드는 비바람 막아주고
슬픈 일 강 건너에 쓸어다 버리고
처마 밑의 걱정까지 덜어줄 사람 찾으려고,
나라가 마련한 유세장에서 선거는 않고 싸움만 했죠.
민중의 지팡이가 되겠다고 나선 사람들이
그동안 쌓아온 인품과 지식은 어디 두고
양심도 체면도 없이,
서로가 잘 났다고 삿대질하며 눈이 벌겋게 탔죠.
사람들이 어리둥절하여 넋 놓고 구경했죠.
어느 틈에 이권을 노리는 자까지 끼어들어
유세장은 수단방법을 안 가리고 절정에 올랐죠.
서로가 헐뜯고 비방하고,
혹은 말도 안 되는 소리로 이간질하고,
어느덧 법과 상식을 넘어 전쟁으로 비화했죠.

1차전이 끝나면 2차전이 시작되고
때로는 장외로 나가 3차전도 불사했죠.
나는 어릴 때부터 보았죠. 너무도 재미있어 뒤따라 다녔죠.
그런데 문제는 앙금이 깊으면 원한도 깊어진다는 거죠.
모두가 좋으라고 벌이는 선거인데,
나도 좋고 너도 좋고 이웃도 좋고 세상도 좋으라고
벅찬 꿈을 안고 벌이는 선거인데,
꿈은 어느새 사라지고 절망만 자꾸 움트고 자랐죠.
그래도 선거가 끝나면 잠잠할 줄 알았는데, 아니었죠.
승자와 패자는 도리어 적과 동지로 돌아서고,
이편에서 뻐꾹새 되어 뻐꾹뻐꾹 울면
저편에선 소쩍새 되어 소쩍소쩍 하고
장단 맞춰 울었죠. 세상이 시끄러워질 징조였죠.
이 일을 수습하려면 하나님이 직접 나서야 했죠.
예전은 그랬는데, 지금은 어떤가요?

*2012. 4. 11.

장마

무덥고 지루한 날이 시작되었다.
어떤 이는 흉년을 맞아 남의 집 담장을 넘고
어떤 이는 전쟁을 맞아 남의 몸에 방아쇠를
당겼다는데, 그 험한 장마가 또다시 왔다.
지난날 일은 머리에 보기 흉한 기억만 남고
아직도 음침한 방구석이나 소란한 길거리에선
귀신이 내뱉는 신음소리가 났다.
보이지 않아도 보일 듯이, 참지 못한 아픔들이
오가는 길목마다 줄줄이 늘어섰다.
갈 길은 아직 먼데 저마다 상처 진 몸을 안고
혹은 눈멀고 혹은 팔다리 부러지고 혹은 심장에서
맥박조차 멎어버린 절망이 온몸에 휘몰아쳤다.
이럴 때면 세월이라도 잽싸게 흘러가야 하는데
오만한 세월은 도리어 걸음조차 잔걸음쳐서
희망은 막장에 이르고 근심걱정이 그칠 줄 몰랐다.
하지만 올 것은 오고 갈 것은 가는 게 이치였다.
해 뜨면 이내 해가 지듯 하늘의 일은 거짓말같이
확실했다. 무덥고 지루한 장마가 이윽고 걷히자
두렵던 마음도 어디론지 황급히 사라져 버리고

거울처럼 맑고 깨끗한 새 날이 돌아왔다.
어떤 이는 이런 날이면 하늘을 날고 싶다고 했다.
겨울을 나는 청둥오리처럼 비단옷 입고 훨훨!
장마가 가면 이렇게 좋을 줄 몰랐다.

*2013. 6. 14.

존재의 집

시는 존재의 집이라고 말씀한
하이데거는 대단한 사람이다.
한 눈에 천리를 내다본 철인이다.

가난한 시인의 빛이 머무는 그곳엔
천년이 가도 꼼짝 않는 집이 있고,
짐 풀고 떠나간 시인의 숨결이
벽마다 절절이 배어 있다.

그 귀한 집에선 누가 살까?
생각이 깊어 길가에 넘어진 사람,
눈이 어두워 길을 못 찾는 사람,
꽃길을 가다 슬픔을 얻은 사람,
사랑이 두려워 이별을 꿈꾸는 사람,

오로지 시인의 영혼만이 그리워
모두가 옹기종기 그 집에 모여들어
시인이 남긴 시 한 구절을 들으며,
그 맑은 빛을 어루만지며,

가지 않는 시간의 꿋꿋한 자리에서
영원한 평안을 누리고 있을까.

그곳엔 바람 불고 비 오는 날도 없으려니,
얼마나 즐겁고 행복할까.

*2013. 9. 3.

어머니

하나님보다 높지는 않지만
하나님보다 자상한 어머니.
당신의 나의 신이다.

당신 몸으로 낳았기 때문일까.
하루도 쉬지 않고
내가 가는 곳마다 깃대를 꽂아 놓고,
내가 머문 곳이면
그늘진 곳이나 때 묻은 골목까지
샅샅이 살펴준다.

지금은 보이지 않는 곳으로
멀리멀리 떠났지만,
아직도 못 잊는지
내 형편을 용케도 알아내고,
어렵고 힘든 일, 다 챙기며
해 지고 잠들 때까지
그림자처럼 따라다닌다.

내게 남은 건 빛바랜 사진뿐
기억조차 희미한 어머니,
그래도 당신은 섭섭하지 않은지,
나를 지키는 신이 되어
항상 내 곁에 머물고 있다.

*2015. 8. 2.

모두 울다

짐승들이 운다.
사람들이 운다.
새들이 운다.

혹은 앉아서 울고
혹은 누워서 울고
혹은 날으며 운다.

날 붙들어 주오.
날 일으켜 주오.
날 업어다 주오.

나무 밑에서 짐승들이 울고,
처마 밑에서 사람들이 운다.
산머리에서 새들이 운다.

배고파서 운다.
길을 잃고 운다.
임 그리워 운다.

사는 날이 우는 날,
우는 날이 사는 날,

하루도 달라지지 않는다.
하나도 돌아서지 않는다.

*2014. 3. 17.

장사
— 아내에게

몸이 좋다고 장사는 아니다.
힘이 세다고 장사는 아니다.
마음이 강해야 장사가 된다.

몸이 날마다 산을 오르고
힘이 바위처럼 끄떡없어도
마음에 비하면 세발의 피다.

산도 바위도 폭우에 무너지고
천하무적의 호랑이나 사자도
사람의 손에 쓰러진다.

마음이 강한 사람은 천년을 살아도
모자라는지,
전시장이나 기념관에 가면
아직도 늙지 않고 살아 있다.

아내여, 당신은 장사다.
작은 곳에서 꿈은 자라고

보이지 않는 곳에서 힘은 쌓인다.

*2013. 7. 19.

보이지 않게 사는 법

— 자화상

좀체 문밖을 나서지 않는다.
높은 곳을 향해 사닥다리를 타지 않는다.
아슬아슬한 건 관심조차 두지 않는다.
그리움이 처마 밑에서 넘실댄다 한들
떠도는 바람처럼 등 뒤로 흘러가버리고
손에 잡히지 않는 줄 믿는다.

때때로 너른 방에 홀로 누워
텅 빈 가슴에 숲과 나무를 기르고
새를 불러와 둥지를 튼다.
벌써 자란 나무와 새가 산에 가득하고
어느덧 주인이 되어 하늘가를 맴돈다.
무엇을 해야 할지,
어떻게 살아야 할지,
오늘도 하늘과 상의한다.

서러워도 울지 않고
그리워도 기다리지 않고,
남의 등에 오르지 않고

남의 담장을 기웃거리지 않고,
하늘까지 시원한 그늘을 찾아
제 몸을 감추려 하나니,
누가 이를 알아주랴.

문밖이 소란해도 내다보지 않고,
바람이 불까, 눈비 올까,
세상일을 염려하지 않고,
오로지 어지신 부모의 핏줄을 물려받아
하늘의 순리를 따른다.
혹시라도 억울하고 슬픈 일 생기면
꾹꾹 눌러 참고,
그래도 못 참으면 가슴에 숨겼다가
깊은 밤 달과 같이 해맑은 눈물이 되어
뒤뜰의 풀숲에 이슬로 내린다.

*2014. 7. 13.

진실한 믿음
— 아우에게

진실하구나. 너는 진실하구나.
눈만 뜨면 하늘에 감사하고
가슴엔 오직 예수밖에 없으니,
천국이 바로 네 것이로구나.

밤에는 하늘을 보며 기도하고
낮에는 땅을 보며 노래 부르니,
흐린 날에도 먹구름 개이고
푸른 하늘이 활짝 열리는구나.

희망이 넘치는구나.
너의 노래가 믿음과 소망과 사랑을
밝히는 은총의 빛이 되어
어두운 세상을 비치는구나.

그 노래가 너무도 기쁘고 즐거워서
길가는 사람들이 발길 멈추고
저 높은 하늘을 우러러보며
다함께 손잡고 합창하는구나.

주의 은혜와 사랑을
주의 부활과 영광을
감사하며 찬양하며
할렐루야. 할렐루야.

먼 데서 종이 우는구나.
오라. 죄 진 자들아 내게로 오라.
산 너머에서 십자가의 종이
잠자는 자를 깨우는구나.

진실하구나. 너의 노래를 들으면
천국이 환히 내다보이고,
둥 둥 둥 하고 북치는 소리
심장에 우렁차게 울리는구나.

*2015. 5. 2.

사랑초

— 예림에게

시골집 화단에 한 그루 심어 놓고
하루도 마음을 놓지 못한다.

사랑의 피를 닮아서일까,
무사의 갑옷처럼 튼실한 세모의 잎들이,
더할 수 없는 믿음을 준다.
검붉은 잎이 시골집 아낙처럼 강인하게 보이지만
뒷면을 보면 허파나 심장처럼 빨갛게 배어 있어
순정한 마음을 은밀히 전해준다.
욕심 많게 늘어진 줄기 속에서 드물게 솟아난 꽃대궁이
소녀의 얼굴처럼 여리고 수줍다.
몸은 튼실해도 꽃은 욕심대로 못 피는 것일까.
자라기는 쉬워도 결실은 힘든 것일까.
보는 이의 마음을 안타깝게 한다.

사랑초야! 사랑초야!
너는 이참에 사랑이 무엇인지를 알려주고 있구나.
몸은 아무리 튼튼해도 마음은 한없이 여린 성품을,
네 가슴에 숨겨진 비밀을 보여주려고 하는구나.

우리 집 손녀 예림이를 닮은 꽃이라는 걸,
그래서 더욱 사랑하고 싶은 꽃이라는 걸,
오늘도 네게 알려주고 있구나.

시골집 화단에 심어놓고 마음을 놓지 못하는
나는 너를 보살피는 게 일과가 되었다.
사랑의 이름을 가진 너에게
하루도 놓지 않고 나의 사랑을 전한다.

*2013. 9. 27.

아이의 편지

— 서연에게

아이의 편지는 마음을 울린다.
내 손녀 서연이의 편지를 읽다가
머리가 절로 숙여진다.

이른 봄 깡깡 언 땅속에서
살며시 솟아오른 풀잎,
그 가녀린 줄기에서 피어난 꽃,
그 꽃에 주렁주렁 열린 열매,

아이가 쓴 편지는
그보다도 귀엽고 아름답다.

아이는 사람을 속이지 않는다.
호수같이 맑은 마음과 깨끗한 생각이
비가 되어 대지에 촉촉이 내릴 때
그 비를 맞은 사람은 축복을 누린다.

너른 곳이나 좁은 곳,
어느 곳이나 뒤쫓아 다니는

먼지나 티끌이 가슴에 묻지 않도록
하늘이 돕고 있기에,
아직은 비록 글자조차 제대로 익히지 못해
구불구불 흘려 쓴 편지라 해도
그 안에 영묘한 혼이 숨어 있어
읽으면 황홀한 감동을 준다.

아이의 마음은 그만큼 진실하기에
어른은 그 마음에서 파란 하늘을 본다.

*2013. 10. 21.

천재

— 세인에게

천재가 틀림없어요.
눈만 뜨면 책방에 가서 살아요.
책장을 오르내리며 귀한 책을 내려뜨리고,
뒤집고, 펼치고, 찢고, 던지고, 맨날 그래요.
책하고 살고 싶은 모양이죠.
벌써 책의 의미를 깨달은 걸까요.
뒤에서 나무래도 듣지 않아요.
붙잡고 때려도 울지 않아요.
오직 제 하고 싶은 대로 실컷 하고서야 돌아서서
배고프면 밥 달라고 엄마 손 끌고,
싸고 싶으면 남 몰래 시원스럽게 싸버리고,
눕고 싶으면 안방에 들어가 슬그머니 잠들어버리죠.
세상에서 이만큼 자유를 누리는 자 있을까요.
가끔 가다 엉뚱한 짓도 해요.
그때는 정말 천재적 발상이 떠올랐는지
벽에다 피카소의 그림을 그려놓죠.
그것도 번개처럼 재빨리, 누가 볼까 두려운지
번쩍 하고 그리는데, 기막힌 그림이죠.
뒤에서 누가 말리려고 쫓아오면

그때는 자신 있게 웃는 걸요.
천재가 아니면 그러겠어요.
하늘이여, 이 아이를 위해 종을 치소서.
이 아이의 축복을 위해
이 아이의 영광을 위해
세상 끝까지 종소리가 울려 퍼지게 하소서.

*2015. 8. 30.

신기한 보물

스마트 폰을 하나 샀더니,
부자가 된 기분이다.

손바닥 안에 들 만큼 작은 놈인데,
모르는 게 없다.
뉴스,
지식,
정보,
심지언 애들의 오락까지,

과거에서 미래까지
지구에서 우주까지
무엇이든 묻기만 하면 척척 알려주니,
하늘이 알까 두렵다.

그러나 한 가지 더 부탁이 있느니,
저승 소식도 전해다오.
그곳에서 내 어머니가 어찌 살고 있는지
그것도 알려다오. *2015. 9. 10.

삶의 고비에서

— 나의 시에게

해 뜨고 눈만 뜨면
창밖에서 꽃 피고 새 울지만,
겉과 속이 다르다.
속을 내다보면 너무 아득하여 눈감고 싶다.
누구나 겪어온 세상 아니랴.

삶의 고비를 자세히 짚어보면 얼마나 될까?
몇 천 고비나 될까?
그 많은 고비에서 너와 내가 손잡고
몇 고비를 넘겼는지 알 수 없으나,
얼마를 더 가야 할지
짐작도 안 되니 걱정이다.

그래도 어서 가자.
해지기 전에 한 고비라도 더 넘자.
우리 함께 꿈꾸어 오던 곳,
그 영원의 바다에 이르기 위하여
가는 세월 붙잡고 밤새워 보자.

*2015. 9. 5.

장난감

안방이든 마루든 베란다든
그 어디든 함부로 들어선 장난감,
요즘은 어느 집이나 넘쳐난다.

우리 집에도 장난감이 많다.
천방지축 나대는 철부지 손자 놈이
목숨보다 아끼는 물건들이다.

화살처럼 날렵한 고속열차,
바위처럼 튼튼한 탱크,
풀잎으로 단장한 군용차,
불난 집 불을 잡는 빨간 소방차,
죄 진 사람 붙잡아가는 경찰백차,
아픈 사람 실어 나르는 앰블런스,
어린이집 병아리들의 노란 버스,
손님을 태워다 주는 택시,
이웃집 아저씨가 운동하는 자전거.
삼촌이 즐겨 타는 스포츠 카,
그것들이 한 지붕 아래 줄줄이 모여

할머니 할아버지의 지극한 보호를 받고 있다.

엊그제만 해도 잠자리 모양의 헬리콥터,
하늘을 단숨에 날아가 버리는 제트 비행기,
바다 위를 달리는 카페리도 있었는데,
다른 것보다 더욱 탐이 났던지
누군가 슬쩍 훔쳐가 버렸다.

이 귀한 물건들이 다 들어설 만큼
큰 집에서 내가 지금 산다고 한다면
믿어줄 사람이 과연 있을까.
믿기 전에 웃어버리지 않을까.
실제가 아닌 까닭도 있지만
남 말을 믿지 않는 버릇 또한 무시할 수 없다.

설령 그게 믿어야 할 사실이라 하더라도
하루에 열 번은 변하는
사람의 마음을 돌이켜보면 속상할 일도 아니다.

애들의 장난감이 실제 물건과 다른 것처럼
사람도 그렇게 보일 때가 많다.
사람이 사람 아닌 장난감으로 보인다면
얼마나 부끄러운 일이랴.

*2014. 5. 17.

성탄의 노래

세월은 새처럼 훌쩍 옛날로 날아가고,
이제는 아기예수가 나신
베들레헴의 말구유를 찾아가는
동방박사를 만날 수 없지만,
그들이 가는 길을 환하게 비쳐주던
별들도 어디 숨었는지 알 수 없지만,

이 땅에 처음 그분이 오신 그날,
2천 년 전의 그날을 떠올리면
온몸이 물결처럼 출렁거리고,
가슴에 별을 단 꿈 많은 사람들은
그날이 아직도 못 잊혀서
두 손을 움켜잡고 눈을 감는다.

노엘, 노엘, 노엘, 노엘!
창밖엔 아기예수 탄생을 기리는
반가운 노래가 거리를 흠뻑 적시고,
강 건너 눈 쌓인 벌판에선 하늘에서 날아온
종소리에 맞춰 눈 놀이를 하는 아이들의

흥겨운 모습이 눈에 어른거리고,

깊은 산골마을 아늑한 교회당에선
하얀 옷을 입은 천사들이 성가대 앞에 둘러앉아
새벽이 오면 뒷동산에 올라
구주 나신 소식을 온 세상에 전하려고
목청을 가다듬고 있다.
그 소리가 피리처럼 맑고 곱다.

고요한 밤! 거룩한 밤!
이 밤에 산타클로스 할아버지가 오신다는
소문에 마음이 들뜬 아이들은,
벌써부터 하늘의 선물을 기다리며
며칠 밤을 뜬눈으로 지새우다가
살며시 깊은 잠에 빠져들고,

보라! 오늘은 기쁘고 즐거운 날!
세상을 구하려고 구주가 오신 날!
그로 하여 죄진 자의 죄가 깨끗이 씻어지고

죽음의 권세도 이기게 되었으니
복 되도다, 복 되도다,
하늘엔 영광이요 땅에는 과연 평화로다.

*2014. 12. 24.

시인의 산문

아름다운 시골에서

아름다운 시골에서

— 나의 시작詩作 전말기

'퇴임하면 어찌 지내려는가?'

문협 이사장 임기가 끝날 무렵, 친지 문인들로부터 이런 질문을 많이 받았다. 그때마다 나는 '시골에 내려가 글이나 쓰겠다.' 고 답했다.

딱히 정한 일도 아니면서 나는 왜 그랬을까? 평소 품은 생각을 엉겁결에 내뱉었을까? 어쨌거나 그게 사실이 되고 말았으니, 신기한 일이다. 그 직후 몸이 아파 병원에 장기간 입원도 했다. 그런 것들이 시골로 내려가게 하는데 결정적 역할을 했으니, 어찌 보면 운명인 셈이다.

양주의 백석읍의 산자락 아래 외진 마을에 자리를 잡았다. 교통이 좀 나빠서 그렇지, 서울도 그리 멀지 않고, 자주 왕래해야 할 병원도 인접도시(의정부)에 있어 크게 불편하지 않았다.

그곳엔 해발 470여 미터의 아담한 은봉산(한강봉)이 둘러

싸여 있어, 아침마다 산에 오르는 등산객의 발길이 그치지 않는다. 나는 물론, 어찌 보면 '멀쩡한 놈이 팔자 좋게 시골에 내려와 얼쩡거리는 한량' 으로도 여겨질 만큼 이웃의 눈총을 받기 십상이지만, 실은 몸이 아파 '요양' 하는 신세였으니, 남의 눈치 볼 때가 아니었다.

어쨌든 나는 아침마다 등산객들의 뒤를 따라 산중턱의 약수터에 올라 체조를 하고, 돌아오는 길에 '임대' 한 밭에 들러 농사일을 거두었다. 백 평도 미처 안 되는 밭에는 고구마, 땅콩, 옥수수, 토마토, 오이, 고추, 상추, 콩, 파, 들깨를 비롯하여 김장거리 무, 배추 등, 작은 땅에 비해 온갖 작물을 심었던 터라, 언뜻 보기엔 '시범농장' 을 연상시켰다.

그곳에서 자란 식물들은 모두 식탁에 오른다. 그 식물들이 농약을 쓰지 않은 유기농이라, 그 자체가 '약초' 일 수도 있었다.

나의 일과는 아침 일찍 일어나 산과 밭에 다녀와서, '아침밥' 은 10시가 넘어서야 먹는다. 어느 땐 11시가 넘어서 '아점' (아침 겸 점심)으로 때운다. 그래선지 밥맛이 그야말로 꿀맛이다. 하루 세 번 먹으라고 병원에서 준 '약' 도 두 번으로 끝나기 일쑤여서, 언제나 약이 남는다.

오후엔 주로 내 시간이다. 나만이 머무는 공간인 '서재' 로 가서, 책도 읽고 글도 쓴다. 그것이 습관이 되어선지, 조금도 역겹거나 지루하지 않다. 가끔 각지의 문인들이 자신의 신간 저서를 보내오고, 문학지들도 심심찮게 들어와서, 읽을거리가 밀린다.

그렇다고 책만 읽을 것인가? 애초 세웠던 계획은 포기할 것인가? 그럴 수 없다. 작품을 써야 한다. 글이란 원래 남의 글을 읽다보면 내 글도 쓰고 싶은 충동이 솟구치기 마련이다. 그 충동이 잦아지지 않도록 마음을 곧게 다스리며, 내 작품을 위해 펜을 잡는다.

시골에 내려간 다음 해, 자연을 소재로 한 해 동안 쓴 시를 모아서 〈자연을 생각하며〉란 시집을 냈는데, 그것이 운 좋게 '윤동주문학상' 을 받았다. 두 달 후엔가, 문학잡지에 발표한 '완당과 세한도' 가 다시 진을주문학상을 받게 되자 마음에 위로가 되고, 사기가 올랐다. 하지만 몸의 병은 여전하고, 되레 병원에 가는 일이 늘어났다. 병원에선 쉴 것을 요구했다. 다른 곳도 아프지만 '호흡기' 가 더욱 안 좋다고 하니, 의사에 말에 따를 수밖에 없었다.

몇 달인가 쉬었다. 그러면서 겨울을 보내고 봄을 맞았다. 산의 나무들이 꽃과 잎을 피우고 화사해지자 마음이 들뜨기 시작했다. 2013년 6월 17일, 지금도 잊히지 않는 날이다. 거친 장마가 막 지나간 후였다. 여느 때처럼 산에 다녀오다가 길가에 널린 밤꽃들과 마주쳤다. 산을 하얗게 수놓고, 향기가 그윽하던 밤꽃들, 그것이 하룻밤 새에 만신창이가 되어, 제 몸의 꽃들을 다 날려 버리고, 그 꽃들이 길가에 질편히 누워서 오가는 이의 발에 짓밟히고 있었다. 장마가 저지른 것이다. 길 잃은 자연의 횡포였다. 순리를 뒤엎는 일이었다. 엄격하고 완전한 자연이 어찌 시정잡배처럼 방탕한 것일까?

나는 참을 수 없었다. 집에 오자 곧장 서재로 가서 펜을 들고 시 한 편을 썼다. 장마가 밤꽃과 야합하여 서로가 몰락해 가는 과정을, 그들의 속까지 내다본 듯이 상상력을 최대한 동원했고, 제목도 처음엔 '장마 이후' 라고 달았다가 '밤꽃 필 무렵' 이라고 고쳤다. 그러다가 '자연의 조건' 으로 다시 바꾸었다. 그리고 그때의 충격만큼 욕심도 커져서, 이 작품은 오랫동안 아껴두었다가 최근에야 어느 잡지에 발표했는데, 아직도 아쉬움이 남는다. 특히 제목이 마음에 안 들고, 내용 중간에 2행의 '메시지' 를 담았는데, 그게 별로 신통치 않게 느껴진다. 애초엔 '자연은 언제나 뒤돌아보지 않는다./자연은 어제의 꿈을 믿지 않는다.' 고 썼다가, 자연만 너무 비호하고 메시지가 없는 것 같아서, 잡지사에 원고를 넘길 땐 내용을 바꾸었다. 길 잃은 자연을 향해 경종을 주려는 의미에서 '길을 잃지 마라, 모두 길이다./어제도 길이요 오늘도 길이다.' 라고 고쳐서 보냈다. 자연의 길이란 어디 가나 모두가 길이지만, 순리가 아닌 길은 길이 아니라는 뜻을 은유한 경고성 메시지였다. 그런데 그 메시지 또한 성인이나 도사가 설파한 말씀 같기도 하여, 마음에 차지 않는다. 그릇된 자연에게 줄 최상의 메시지는 무얼까? 한 작품을 두고서 이만큼 고심한 적이 없는데, 왠지 특별하다. 제목 또한 직설적으로 '길 잃은 자연' 이나 '자연 속으로' 등으로 고쳤으면 어떨까 싶다. 하지만 이미 발표 되었으니 어쩌랴. 조용히 있다가 시집을 낼 때쯤 고쳐 볼 수밖에 없는 일이다.

문제는 이 작품을 기점으로, 시상詩想이 불타올랐다는 것이다. 거짓말 같은 일이 벌어졌다. 어디 가든 시가 나를 따라다녔다. 산에 가면 나무들이 시를 들려주고, 들에 가면 논밭의 곡식들이 시를 들려주고, 강에 가면 냇물들이 시를 들려주었다. 새를 보면 새들이 시를 들려주고, 꽃을 보면 꽃들이 시를 들려주고, 풀을 보면 풀들이 시를 들려주고, 사람을 보면 사람들이 시를 들려주었다. 어디 가든, 만나는 사물마다 모두 시를 들려주었다. 나는 그저 받아쓰기만 하면 되었다. 오, 행복한 나날이여! 불타던 열정이여! 나는 분명 무엇에 홀려 있었다. 그리하여 하루에 몇 편의 시를 쓴 일이 있는가 하면, 못써도 며칠에 한두 편은 거뜬히 써냈다. 몸도 성치 않은데, 무리였다. 가족들의 걱정이 컸다.

나는 건강을 생각하여 될수록 쉬어가며, 내가 쓴 작품에다 장난삼아 숫자를 매기기 시작했다. 그런데 1년이 지나자 120편이 넘다가, 2년이 되자 230편이 넘었다. 마침 〈계간문예〉에서 시집을 내자고 하여 요즘에 살펴보니, 2년2개월이 된 시점에서 256편에 이르렀다. 작품의 질이나 수준을 숫자로 계산할 일은 아니지만, 어쨌든 게으르지 않게 살았다는 증표가 될 만하니, 자긍심도 없지 않았다.

시집을 준비하며 정리해보니, 3권으로 낼만했다. 연작시집으로 1권, 생활시집으로 1권, 자연시집으로 1권을 기획했다. 그래서 오랫동안 써오던 연작시집인 〈사람을 생각하며〉에 76편, 생활시집인 〈사랑을 말하다〉에 80편, 자연시집인 〈자연 속에서〉(가제)에 100편을 골랐다. 그러나 이 시집을 한꺼번에 낼 수는 없고, 자연시집은 내년으로 미루었다.

하지만, 시집의 교정을 보면서 나는, 나의 시에 실망을 금치 못한다. 그래도 자연시들은 자연의 풍경이 있어 마음을 열어주지만, 사람 연작시나 생활시들은 왠지 칙칙하고 어두워서, 다시 읽기조차 싫었다. 심지언 그냥 문밖에 내던져버리고 싶은 것들도 있었다. 그렇다고 그만한 용기는 없었다. 어쨌든 내가 쓴 '영혼의 자식' 일 텐데, 함부로 버릴 수는 없었다, 그걸 다시 뜯어고치느라고 되레 진땀을 뺐다. 시를 애초에 완성해두지 않은 후회도 있었다.

오늘도 나는 산에 오른다. 열매를 거두는 가을이라서, 밤나무 아래는 밤이, 도토리나무 아래는 도토리가 많이 떨어져 있다. 요즘은 등산을 하려는 사람보다 밤이나 도토리를 주우려는 사람들이 더 많이 몰려든다.

그런데 그 밤이나 도토리를 보면, 신기하게도 크기가 모두 다르다. 어느 건 주먹 안에 꽉 찬 알밤이 있는가 하면, 어느 건 손톱만큼 작은 것도 있다. 한 가지에서 똑같이 자랐는데도 그렇다.

나는 그것을 보며, 우리들의 작품도 그럴 거라고 생각한다. 어떤 주제나 소재로 만들어지든, 얼마큼 노력과 정성이 깃들든, 작가의 자질과 능력에 따라 작품의 크기도 달라질 수밖에 없을 것이다. 나의 한계다. 내 작품 역시 그래서 작을 수밖에 없을 거라고 깨닫게 된다.

김년균 시집_ 사랑을 말하다

초판 인쇄 | 2015년 10월 20일
초판 발행 | 2015년 10월 30일

—

지 은 이 | 김년균
회　　장 | 서정환
발 행 인 | 정종명
편집주간 | 차윤옥

—

펴낸곳 | 도서출판 계간문예
주소 | 03131 서울 종로구 삼일대로 32길 36 운현신화타워 305호
편집부 | 03132 서울 종로구 삼일대로 30길 21 종로오피스텔 808호
전화 | 02-3675-5633, 070-8806-4052
팩스 | 02-766-4052
이메일 | munin5633@naver.com
등록 | 2005년 3월 9일 제300-2005-34호
ISBN 978-89-6554-128-8 04810
ISBN 978-89-6554-118-9 (세트)

—

값 10,000원

—